Verhandlungssicher in Französisch

Die Autoren, Dr. habil. Ulrich Hoffmann und Michael Tobin, stehen im Dienst der Vereinten Nationen und verfügen über langjährige Erfahrungen in internationaler Konferenztätigkeit.

Umschlagfoto: Bavaria Bildagentur

Auflagen:	5.	4.	3.	2.	1.	Letzte Zahlen
Jahr:	2004	2003	2002	2001	2000	maßgeblich

Druck: Druckhaus Langenscheidt, Berlin
Printed in Germany · ISBN 3-468-42616-X

Verhandlungssicher in Französisch

Diskutieren und Argumentieren

Neubearbeitung
von Dr. Ulrich Hoffmann und Michael Tobin
unter Mitarbeit von
Dr. Marie-Louise Marin-Curtoud

LANGENSCHEIDT

BERLIN · MÜNCHEN · WIEN · ZÜRICH · NEW YORK

Vorwort

Ist Ihnen eigentlich schon einmal bewusst geworden, wie viele kommunikative Herausforderungen Sie täglich zu bewältigen haben? Um so erstaunlicher ist es, dass Rhetorik weder an Schulen noch an Universitäten Gegenstand systematischer Ausbildung ist. Ganz offensichtlich bleibt dieses Gebiet dem Selbststudium und dem Sammeln von Erfahrungen überlassen. Vor diesem Problem steht man in seiner Muttersprache; wie frustrierender muss das Gefühl der Unbeholfenheit aber erst in einer Fremdsprache sein! Man hält sich zurück, oder wenn man spricht, ist man auf eine beschränkte Anzahl von Standardformulierungen angewiesen, die nicht selten zu Missverständnissen und Irritationen führen. Noch peinlicher ist es, wenn eine mangelhafte sprachliche Ausdrucksfähigkeit Zweifel an der persönlichen Sachkompetenz aufkommen lässt.

Der vorliegende Leitfaden ist kein Lehrheft. Aufbauend auf soliden Kenntnissen der Fremdsprache soll er dazu beitragen, Ihren Wissensschatz an nützlichen und wohlnuancierten Formulierungen, Redewendungen sowie rhetorischen Verbindungsstücken in der englischen Sprache zu erweitern. Auf dieser Grundlage lassen sich bestimmte sprachliche Reaktionsweisen im Diskussionsverlauf trainieren, die es erleichtern, Ihre Argumente in einer Debatte wirksam anzubringen.

Ziel der Autoren ist es, Ihnen ein tatsächliches Arbeitsmittel an die Hand zu geben. Die Struktur des Buches ist darauf abgestimmt, eine Diskussion – unabhängig von Thema und Beteiligten – in bestimmte, immer wiederkehrende Etappen zu gliedern. Damit ist ein schneller Zugriff auf die für eine bestimmte Aktion/Reaktion gewünschten Formulierungen möglich. In jedem Abschnitt werden Sie eine Auswahl von Redewendungen finden, die ein weites Spektrum von Nuancierungsmöglichkeiten bietet. So werden Sie in die Lage versetzt, unterschiedlichste Situationen in Diskussionen auf kommerziellem, politischem oder wissenschaftlichem Gebiet zu meistern.

Diese Publikation ist ein zweisprachiges, deutsch-französisches Handbuch, das einen parallelen Überblick über die deutsche und französische Diskussionsprache gibt. Ein solches Bauprinzip hat zwei große Vorzüge: Zum einen lässt sich das Buch sowohl von Deutsch- als auch Französischsprachigen benutzen, zum anderen erlaubt die zweisprachige Darstellung auf gegenüberliegenden Buchseiten ein tieferes Eindringen in die verschiedenen Formulierungen mit ihren Nuancen und Feinheiten. Jederzeit können Sie auf Ihre Muttersprache zurückgreifen. Die in den Abschnitten enthaltenen Anwendungsbeispiele und Benutzerhinweise gestatten darüber hinaus die richtige Interpretation und den situationsangemessenen Einsatz der Redewendungen ohne fremde Hilfe.

Inhaltsverzeichnis

Table des matières

Benutzerhinweise

Dieser Leitfaden wendet sich an jene Deutsch- und Französischsprachigen, die bereits über solide Grundkenntnisse der jeweils anderen Sprache verfügen, in Diskussionen und Verhandlungen aber noch sprachgewandter und damit sicherer auftreten wollen. Deutschsprachige Leser sollten sich auf den französischen Teil des Textes, französischsprachige Benutzer auf den deutschen Teil konzentrieren.

Wie lässt sich der Leitfaden im Einzelfall nutzen?
Nehmen wir an, bei Ihnen treten Unklarheiten in Bezug auf einen im Verlauf der Diskussion gemachten Vorschlag auf. In welchem Stadium der Diskussion befinden Sie sich also? Sie tauschen Informationen aus. Ein kurzer Blick auf das Inhaltsverzeichnis bestätigt, dass Sie sich in der Phase **Dialog – Informationsfluss** befinden (Kapitel IV) und **Abklärung/Aufschluss suchen** (Abschnitt 2). Wenn Sie nun in Abschnitt 4.2. nachschlagen, finden Sie auf der linken Buchseite die deutsche, auf der rechten die französische Sprachversion. Jede Seite gliedert sich in drei Abschnitte: erstens, eine Auswahl von Formulierungen; zweitens, Beispielsätze; drittens, Benutzerhinweise zu grammatischen, stilistischen und taktischen Besonderheiten der Redewendungen.

Bei einer ganzen Reihe von Redewendungen werden Ihnen verschiedene Optionen zur Auswahl angeboten (kenntlich gemacht durch vertikale Balken). In diesem Fall kann analog zu einer chinesischen Speisekarte ein passendes „Formulierungsmenü" nach eigenem Belieben zusammengestellt werden. In Einzelfällen werden Ihnen auch Klammerausdrücke in den Formulierungen auffallen. Diese sollten nur in einem ganz bestimmten Situationskontext zum Einsatz gelangen, da sie auf eine besondere Haltung des Sprechers hindeuten, dem Gesagten Nachdruck verleihen oder Nuancen zum Ausdruck bringen. Entsprechende Erklärungen befinden sich in den Hinweisen bzw. Beispielsätzen jedes Abschnitts. Sollten dennoch Zweifel fortbestehen, dann können Sie die Erklärungen in Ihrer Muttersprache auf der gegenüberliegenden Buchseite zu Rate ziehen. Die Verwendungshinweise am Ende jedes Abschnitts geben Aufschluss über die Aussagestärke der aufgeführten Formulierungen. Darüber hinaus wird auf relevante stilistische und taktische Gesichtspunkte beim Einsatz der Redewendungen eingegangen.

Das erste Kapitel ist ein kurzer Abriss der Diskussionssprache. Sein Anliegen ist, Ihnen einige allgemeine Prinzipien der Vorbereitung und Präsentation von Diskussionsbeiträgen ins Gedächtnis zurückzurufen und jene Stilmittel zu analysieren, die für die Diskussionssprache im Deutschen und Französischen von besonderer Bedeutung sind. Ein Glossar zur Konferenzterminologie, das die deutschen und französischen Äquivalente der am häufigsten verwendeten Begriffe zusammenfasst, befindet sich am Ende des Buches.

Guide du lecteur

Ce livre est un guide bilingue du langage de la discussion. La partie française est conçue pour un germanophone qui pratique déjà le français et désire peaufiner ses connaissances linguistiques et élargir le répertoire de ses expressions. Un francophone par contre s'intéressera à la partie allemande de l'ouvrage.

On notera l'organisation particulière de l'ouvrage: le découpage étape par étape et la présentation bilingue sur une double page permet de trouver rapidement les formules nécessaires pour chaque phase d'une discussion.

Comment utiliser ce livre?
A quelle étape du débat en est-on? Supposons que l'on vienne de faire une proposition importante dont certains aspects restent à éclaircir – on est donc à une étape du débat où l'on échange des informations. Il faut par conséquent se reporter au Chapitre IV **Le dialogue – faire passer l'information**. Chaque chapitre est divisé en sections. Dans notre exemple, il faut donc consulter la section deux : **Demander des éclaircissements**. Sur la page de droite on trouvera un choix d'expressions françaises accompagnées d'exemples et de remarques sur leur utilisations. Dans de nombreux cas on trouvera une expression à choix multiple que l'on utilisera à la manière d'une carte de restaurant chinois. On pourra prendre un élément de la colonne A, puis un de la colonne B et ainsi de suite, ce qui permet de nombreuses variations sur un même thème. Quant aux mots entre parenthèses, on pourra s'en servir pour modifier le ton d'un propos. En cas de doute, on peut recourir à la page de gauche qui présente les expressions équivalentes en allemand. Les remarques à la fin de chaque section vous aideront à mesurer la force de chaque expression, à maîtrise son emploi et à l'utiliser au mieux dans le cadre de la stratégie choisie.

Le premier chapitre donne des indications sur le langage de la discussion et quelques principes pour préparer et présenter un exposé. A la fin de l'ouvrage, on trouvera un glossaire de la terminologie des conférences en allemand et en français.

Kapitel I

Die Diskussionssprache im Deutschen – Einige Tipps

Wenn möglich, bleibe hart. Auf jeden Fall bewahre die Ruhe und zeige Geduld. Drücke niemals deinen Opponenten an die Wand und lasse ihm die Chance, sein Gesicht zu wahren. Versetze dich in seine Lage und sieh die Dinge mit seinen Augen. Vermeide rechthaberisches Getue wie den Teufel – es gibt keinen größeren Selbstbetrug.

Basil Henry Liddell Hart

Jede Erfolg versprechende Diskussion hat zwei Voraussetzungen: zum einen das klare Verständnis der von Ihnen vertretenen Position, zum anderen den überlegten Einsatz sprachlicher Mittel. Verhandlungen verlangen von Ihnen darüber hinaus die Beherrschung gewisser Verhandlungstechniken und das Vorgehen nach einer bestimmten Taktik.

Dieses Einleitungskapitel erhebt nicht den Anspruch, ein Leitfaden der Verhandlungspsychologie zu sein. Vielmehr soll an allgemeine Prinzipien der Gesprächsführung und an die richtige Vorbereitung einer Diskussion erinnert werden.

Ob förmlicher oder informeller Natur, alle Diskussionen und Verhandlungen folgen einem einheitlichen Schema, das im Wesentlichen folgende Abschnitte enthält: Darstellung des eigenen Standpunktes, Informationsfluss, Meinungsaustausch, Handeln und eine Einigung anstreben sowie das Ergebnis festschreiben. Dieses Handbuch ist analog dieser immer wiederkehrenden Struktur gegliedert, so dass Sie für jedes Stadium einer Diskussion oder Verhandlung leicht die passenden sprachlichen Ausdrucksformen finden können.

Mehr oder weniger unbewusst folgt jeder gewissen rhetorischen Regeln, und kaum jemand denkt bewusst über die notwendigen Schritte und Mittel zur Überzeugung eines Gesprächspartners nach. Die Struktur dieses Handbuchs wird Ihnen daher helfen, eine gewisse Ordnung und Systematik in Ihre Vorgehensweise bei einer Diskussion oder Verhandlung zu bringen. Gewisse Grundregeln und -prinzipien sollten aber dennoch nicht aus den Augen verloren werden.

Chapitre I

Le langage de la discussion en français – quelques indications

Demeurez ferme, si possible. En tout cas restez calme. Ayez une patience sans limites. N'acculez jamais un adversaire, aidez-le toujours à sauver la face. Mettez-vous à sa place, ainsi vous verrez les choses avec ses yeux. Gardez-vous de l'autosatisfaction comme du diable, il n'y a rien de si aveuglant.

Basil Henry Liddell Hart

Le succès d'une bonne argumentation repose sur deux éléments: exposer avec clarté son point de vue pour éviter tout malentendu et maîtriser différentes techniques d'expression propres à la discussion. Pour discuter et convaincre, il faut aussi être capable d'adopter des stratégies variées. Nous avons donc essayé dans ce chapitre de vous aider à préparer votre argumentation.

Discussion et négociation, quel que soit leur caractère plus ou moins officiel, suivent un schéma général qui implique habituellement: transmettre des informations, persuader, prévoir les objections et y répondre, rechercher un compromis, faire pression, etc. La structure de ce livre suit le cours naturel d'un débat de sorte que le lecteur puisse, à n'importe quel stade d'une discussion, trouver le langage qui l'aidera à faire connaître son point de vue. Bien entendu le langage n'est qu'un instrument. Il ne décide ni du contenu ni des raisons de la communication. Pour exposer sa position, on suit en général inconsciemment quelques règles rhétoriques, mais il est rare que l'on prenne la peine d'organiser ses arguments pour convaincre un interlocuteur. Bien que la structure de cet ouvrage soit conçue pour vous aider à ordonner vos idées, il es bon d'avoir aussi présents à l'esprit quelques principes élémentaires.

Vous devez maîtriser complètement votre sujet. Il est indispensable de connaître parfaitement le thème de la discussion. De solides connaissances vous seront plus utiles pour les débats qu'un discours de rhétorique. *Définissez clairement vos objectifs* – que vous souhaitiez aboutir à un accord, faire simplement avancer une question ou empêcher qu'une décision soit prise. Vos objectifs définis, *comment*

Zunächst verlangt jedes Gespräch eine gewisse ***innere Einstellung*** der Teilnehmer. Dazu zählt die Respektierung der an einer Diskussion Beteiligten als Partner genauso, wie die Bereitschaft zuzuhören. Leider wird die Wichtigkeit des ***aufmerksamen Zuhörens*** oft unterschätzt. Wer aufmerksam zuhört, kann nicht nur angemessen auf Gegenargumente reagieren; ein geduldiger Zuhörer besitzt auch psychologische Vorteile in den Augen seiner Diskussionspartner.

Unverzichtbare Voraussetzung jeder Kommunikation ist eine ***solide Sachkenntnis*** des Diskussionsgegenstandes. Rhetorik ist kein Ersatz für Fachwissen und kann auch nicht die Unordnung in Ihren Gedanken überspielen.

Behalten Sie ***Ihre Zielsetzung*** während der Diskussion im Auge: Welche Gesprächspartner wollen Sie mit welchen Argumenten überzeugen? Was ist Ihre Grundaussage, und wie wollen Sie Einwänden begegnen?

Die Ergebnisse einer Diskussion hängen nicht unwesentlich von der ***Atmosphäre*** ab, in der diese stattfindet. Überlegen Sie sich daher rechtzeitig, für welche Argumente/Diskussionsformen Ihre Gesprächspartner empfänglich sind und wie Sie gegebenenfalls Hemmungen abbauen können. Beharren Sie nicht nur auf Ihrem eigenen Standpunkt! ***Einfühlungsvermögen*** kann viele Türen öffnen. Wirken Sie trotz aller Sachlichkeit unterhaltend! Wohl jeder Zuhörer lacht gerne einmal über ***etwas Humor und Schlagfertigkeit***.

Die sprachlichen Mittel sind keine bloße stilistische Dekoration. ***Ihre Auswahl von Formulierungen richtet sich nach dem Gegenstand der Diskussion, dem Charakter des Gesprächs, den Partnern in der Verhandlung und der persönlich verfolgten Absicht***. So müssen Sie sich überlegen, ob die sprachlichen Mittel lediglich zur Informationsübermittlung bestimmt sind oder handlungsauslösende Wirkungen hervorbringen sollen. Nicht weniger wichtig ist, ob Sie zum Beispiel mit Vorgesetzten, gleichrangigen oder untergeordneten Mitarbeitern verhandeln.

Der Zuhörer muss jederzeit wissen, an welcher Stelle Ihrer Darlegungen Sie sich befinden. Geben Sie ihm deshalb ***ausreichende Orientierungshilfen***. Durch Rückblicke und Zusammenfassungen vertiefen Sie das Verständnis Ihrer Gedanken. Scheuen Sie sich deshalb auch nicht, wichtige Punkte zu wiederholen, zu illustrieren oder mit anderen Worten zu verdeutlichen!

Viele der in den folgenden sechs Kapiteln zusammengestellten Formulierungen versuchen, den oben aufgezählten Prinzipien Rechnung zu tragen.

comptez-vous les atteindre? Vous allez devoir persuader, nuancer, prévenir les objections, y répondre et faire des concessions.

Ce que l'on vient de dire sous-entend qu'il y a toujours deux ou plusieurs parties prenantes dans une discussion ou un débat. Il faut en prendre clairement conscience. *Considérez les autres participants comme vos partenaires. Forcez-vous à les écouter si vous souhaitez les convaincre.* Il se peut que vous n'ayez ni prévenu ni envisagé toutes les objections possibles – écoutes pour pouvoir intervenir. En outre, vos partenaires seront plus favorablement disposés à votre égard si vous vous montrez prêt à les écouter. Dans une réunion rien n'irrite davantage qu'une personne qui monopolise la discussion et paraît tout savoir.

Enfin, votre langage doit être adapté au type de la discussion. Quel en est le sujet? La nécessité de mesures de sécurité supplémentaires au lendemain d'un tragique accident ou le lieu de la prochaine sortie de bureau. Quel est le style de la réunion? Serez-vous dans une salle de conférence, disposerez-vous éventuellement d'un pupitre ou serez-vous autour d'une table dans un petit bureau? S'agit-il d'une réunion officielle ou pas? Discuterez-vous d'égal à égal ou aurez-vous affaire à des supérieurs? De plus, n'oubliez pas que vous ne serez peut-être pas le seul à vous exprimer dans une langue étrangère, de nombreux participants vous écouteront parler dans une langue que n'est pas la leur. Choisissez un langage clair. Profitez du fait que vous parlez pour accentuer certains mots et expressions. Vous pouvez aussi utiliser l'expression corporelle: regardez votre (vos) interlocuteur(s) dans les yeux, servez-vous de vos mains sans toutefois donner l'impression de diriger un orchestre. N'ayez pas peur de faire des phrases courtes, de répéter une idée en la formulant différemment, de donner des exemples, de reprendre un point pour le souligner ou vous assurer que le message est bien passé.

En résumé, le langage de la discussion ne se limite pas à une seule façon de s'exprimer. Et comme le montrent les énoncés dans cet ouvrage, les formules courtoises dominent. Un langage poli favorise les échanges de vues et n'est pas un signe de faiblesse.

Toutefois gardez-vous de vouloir traduire littéralement ces formules typiquement allemandes fréquemment utilisées pour nuancer un refus. En effet, qu'on ne s'y trompe pas: l'équivalent français de *Zu meinem Bedauern*, par exemple, n'est rien d'autre que *Désolé(e), ...* En donner une traduction littérale aurait pour effet de rendre perplexe, voire d'amuser votre interlocuteur ou de donner à vos propos une allure exagérément pompeuse.

Im Allgemeinen dominieren auch im Deutschen ***höfliche Ausdrucksformen*** in der Diskussionssprache, ihr Gebrauch ist aber nicht so häufig wie im Englischen. Zwar existieren deutsche Äquivalente im Prinzip zu allen englischen Höflichkeitsfloskeln, in der mündlichen Rede werden jedoch oft direktere Ausdrucksformen bevorzugt. Eine Formulierung wie z. B. *I wonder if I might suggest ...* würde im Deutschen groteske Züge annehmen. Selbst bei Diskussionen in akademischen oder diplomatischen Kreisen ist zur Sparsamkeit im Gebrauch von Höflichkeitsfloskeln zu raten. Übertriebene Höflichkeit wird im Deutschen schnell mit Arroganz oder Affektiertheit assoziiert.

Nachfolgend eine kurze Zusammenstellung jener Stilmittel, die zu einem eleganten Diskussionsstil in der deutschen Sprache gehören und die sich faktisch durch alle Abschnitte dieses Leitfadens ziehen:

Personalisierung von Vorschlägen: Ausdrücke wie *ich denke, ich glaube, meiner Meinung/Ansicht nach* verleihen Vorschlägen eine persönliche Note und unterstreichen ausdrücklich Ihre Bereitschaft, auch andere Auffassungen zu akzeptieren. Beispiel: *Ich denke, wir sollten zum nächsten Tagesordnungspunkt übergehen.*

Nutzung der Frageform: Denken Sie auch daran, dass man Behauptungen in eine Frageform kleiden kann. So lassen sich Formulierungen wie *Ich bin der Meinung, dass ...* oder *Ich schlage vor, dass ...* durch elegante Fragekonstruktionen wie *Denken Sie nicht auch, dass ... ?* oder *Sollten wir nicht ... ?* ersetzen. Wer Fragen stellt, erfährt schneller, was seine Gesprächspartner denken. Darüber hinaus unterstreicht die Frageform Ihre Bereitschaft, auch andere Auffassungen zu respektieren. Ein sehr elegantes Stilmittel ist die rhetorische Frage. Modelle wie *Welche Konsequenzen hat das nun für uns?* oder *Wer unter uns wüsste nicht gern, ... ?* regen die Zuhörer zum Mitdenken an und heben die wichtigsten Gedankengänge hervor.

Ausdrücke des Bedauerns: Einleitungsfloskeln wie *Leider kann ich ... , Es tut mir leid, aber ...* oder *Zu meinem Bedauern kann ich ...* schwächen die rhetorische Aussageschärfe einer negativen Stellungnahme ab. Sie vermindern das Risiko, dass einer der Partner das Gesicht verliert oder die Debatte aggressive Züge annimmt.

En français, pour s'adresser à quelqu'un avec courtoise ou pour modérer un propos on peut recourir à différentes techniques.

L'emploi des pronoms. Plutôt que, *Je*, chaque fois que c'est possible, préférer *On, Nous* ou la tournure impersonnelle Il. Bien qu'il s'agisse d'une manière déguisée de dire *Je*, cela permet de donner un tour plus neutre à une proposition. Si toutefois vous choisissez d'employer *Je*, ayez recours à des formules comme *Il me semble que ..., A mes yeux ...*

Pour attirer l'attention de vos interlocuteurs, vous pouvez vous servir des expressions *Il convient (Il conviendrait) de noter/souligner ...* La tournure impersonnelle offre de plus l'avantage de donner à un propos la valeur d'un jugement. Ainsi, dire *Il est à noter que les dépenses pour les loisirs s'accroissent* renforce la phrase *Les dépenses pour les loisirs s'accroissent.*

L'usage de la forme interro-négative et du conditionnel est utile pour mettre en doute un argument ou faire une contre-proposition tout en ménageant la sensibilité d'un interlocuteur. Ainsi: *Ne vaudrait-il pas mieux éviter de licencier* dénote un ton plus conciliant que *Evitons de licencier*. Des tournures comme *Ne serait-ce pas une bonne idée de ...* ou *Que penseriez-vous de ...* laissent à une proposition le temps de cheminer dans l'esprit de votre interlocuteur. On notera que ces expressions sont au conditionnel, temps grammatical utile pour nuancer une proposition ou faire une suggestion. On notera également que la forme interro-négative n'a, la plupart du temps, que l'apparence d'une question. Dire *Ne vaudrait-il pas mieux remettre la décision à la prochaine réunion?* équivaut en effet à faire appel à votre interlocuteur et à lui suggérer courtoisement que, tout bien considéré, il ne peut que vous approuver.

Kapitel II

Die Eröffnung einer Diskussion / Verhandlung

Wer nur begann, der hat schon halb vollendet. Wage es, weise zu sein, beginne!

Horaz

In der Regel eröffnet der Tagungs- bzw. Diskussionsleiter die Gesprächsrunde. Seine Einleitungsbemerkungen sind kurz, sehr höflich und dem Rahmen entsprechend förmlich gehalten.

Der Eröffnung folgt eine kurze Diskussion zur Annahme der Tagesordnung. Selbst die informellste Sitzung muss eine von allen Teilnehmern akzeptierte Themenpalette und Vorgehensweise besitzen.

Die vorliegende Diskussionsphase ist für die Wahrung Ihrer Interessen und Verhandlungsziele von entscheidender Bedeutung. Ein guter Einstieg ist schon der halbe Erfolg. Achten sie darauf, dass die Tagesordnung nicht überladen ist, die für das Erreichen Ihres Verhandlungsziels entscheidenden Punkte aber enthält.

Vergessen Sie schließlich nicht, dass dies die erste Phase des „Aushandelns“ ist. Um etwas zu erhalten, werden Sie auch geben müssen.

Chapitre II

Remarques préliminaires

Qui commence, en a déjà fait la moitié – agit donc avec sagesse et commence!

Horace

La personne qui préside prononce habituellement quelques mots de bienvenue. Il faut ensuite s'accorder sur l'ordre du jour de la réunion ou l'approuver. Pour toute réunion, même la plus simple, il faut également décider d'une structure.

Cette étape est capitale pour sauvegarder vos intérêts. L'ordre du jour doit inclure les questions que vous souhaitez aborder. Veillez en outre à ce que l'ordre du jour ne soit pas surchargé.

C'est la première étape de la négociation: il vous faudra peut-être faire des concessions si vous voulez obtenir gain de cause.

2.1. Den Anfang machen

- **Ich habe die Ehre, . . . für eröffnet zu erklären.**
- **Darf ich um Ihre (geschätzte) Aufmerksamkeit bitten?**
- **Ich denke, wir sollten | Vielleicht sollten wir** — **anfangen. | beginnen.**
- **Sollten wir nicht** — **anfangen? | beginnen?**
- **Lassen Sie uns** — **anfangen. | beginnen. | zur Sache kommen.**

– ***Ich habe die Ehre****, die neunte Tagung der Arbeitsgruppe über Maßnahmen zur Erhaltung des tropischen Regenwaldes* ***für eröffnet zu erklären****.*

– *Um keine Zeit zu verlieren –* ***sollten wir nicht anfangen?***

– *Aus Zeitgründen –* ***lassen Sie uns beginnen.***

Rahmen und Form von Diskussionen bestimmen auch die Art des Diskussionsbeginns. Nicht nur die Zahl der Teilnehmer unterscheidet sich, sondern auch die Räume, in denen Diskussionen stattfinden. Diskussionen im kleinen Rahmen können jedoch genauso förmlich wie Tagungen in einem Auditorium sein.

In der Regel werden die oben zusammengestellten Formulierungen vom Tagungsleiter gebraucht. Die erste Redewendung hat sehr förmlichen Charakter und ist auf das Konferenzparkett zugeschnitten.

Die Redewendungen drei bis fünf haben einen sehr direkten Ton. Sie sollten durch kleine Einleitungsfloskeln wie

– Um die Dinge nicht (unnötig) in die Länge zu ziehen – . . .
– Um keine Zeit zu verlieren – . . .
– Aus Zeitgründen – . . .

ergänzt werden. Die beiden letzten Beispielsätze illustrieren eine solche Konstruktion. Achtung: Des Wohlklangs halber sollten die Einleitungsfloskeln bei der Wendung „Ich denke, wir sollten anfangen/beginnen" hinter „ich denke" eingeschoben werden: *Ich denke, um keine Zeit zu verlieren, sollten wir anfangen.*

2.1. Ouvrir la séance

- **J'ai l'honneur de déclarer ouvert(e) le (la) . . .**
- **S'il vous plaît, puis-je avoir votre attention?**
- **Je pense que nous pourrions | Nous devrions peut-être — commencer.**
Je suggère que nous commencions.
- **Ne devrions-nous | faudrait-il — pas — commencer? | entrer dans le vif du sujet?**
- **Bien, Commençons. | Mettons-nous au travail.**

– ***J'ai l'honneur de déclarer ouverte la*** *neuvième session du groupe de travail pour la préservation de la forêt tropicale.*

– *Pour ne pas perdre de temps,* ***je suggère que nous commencions***

– *Compte tenu de l'heure,* ***commençons.***

A ces réunions assiste un nombre plus ou moins grand de participants; elles peuvent se dérouler dans de vastes salles de conférence ou bien dans des bureaux plus petits. Une réunion qui a lieu dans une petite salle peut être tout aussi officielle que si elle se tenait dans un auditorium.

D'ordinaire, ces remarques sont faites par la personne qui préside.

La première expression ne s'utilise que dans une réunion officielle.

Les trois dernières expressions peuvent être précédées par certaines formules qui introduisent une justification pour commencer l'exposé:

– *Pour ne pas prendre de retard . . .*
– *Pour ne pas perdre de temps . . .*
– *Etant donné l'heure . . .*
– *Compte tenu de l'heure . . .*

C'est ce qu'illustrent le deuxième et le troisième exemple.

2.2. Die Teilnehmer begrüßen

Durch den Tagungsleiter/Gastgeber:

• **Im Namen**	**der Unternehmensleitung** **von Herrn Krause** **. . .**	**möchte ich Sie herzlich begrüßen.**

• **Es ist mir eine große Freude,** **Ich freue mich,**	**Sie zu . . .**	**zu begrüßen.** **begrüßen zu können.**

• **Ich freue** **Es freut**	**mich, dass Sie**	**hier sein können.** **kommen konnten.**

- **Schön, dass Sie hier sind.**

Seitens der Teilnehmer:

• **Zunächst möchte ich sagen, wie**	**glücklich** **froh**	**ich bin, . . .**

- **Ich freue mich sehr, dass ich zur Teilnahme an . . . eingeladen worden bin.**
- **Es ist schön, hier zu sein.**

– ***Im Namen*** *meiner Abteilung* ***möchte ich Sie herzlich begrüßen.***

– ***Zunächst möchte ich sagen, wie froh ich bin,*** *an diesem Treffen teilnehmen zu können.*

– ***Ich freue mich sehr, dass ich zur Teilnahme an*** *diesem Seminar über Meeresbodenbergbau* ***eingeladen worden bin.***

Die Eröffnungsbemerkungen einer Tagung haben in der Regel einen förmlichen Stil.

2.2. Formules de bienvenue

Du Président ou de l'organisateur de la réunion:

- **Au nom de | la direction / M. Marquet / . . . | permettez-moi de vous souhaiter (chaleureusement) la bienvenue.**

- **| C'est un (grand) plaisir / Je suis heureux(se) | de vous accueillir | à . . . / pour . . .**

- **Je suis heureux(se) que vous ayez pu venir.**

- **Je vous remercie de votre présence.**

Des participants:

- **Permettez-moi d'abord de dire combien je suis heureux(se) de . . .**

- **Je suis ravi(e) d'avoir été invité(e) à participer à . . .**

- **C'est un plaisir d'être ici.**

– ***Au nom de*** *mon département,* ***permettez-moi de vous souhaiter chaleureusement la bienvenue.***

– ***Permettez-moi d'abord de dire combien je suis heureux(se) d'****avoir été invité(e) à cette réunion.*

– ***Je suis ravi(e) d'avoir été invité(e) à participer à*** *ce séminaire sur l'exploitation des fonds marins.*

Sans tenir compte du caractère plus ou moins officiel d'une réunion, le ton des paroles de bienvenue d'un congrès est en général assez formel.

2.3. Den Gegenstand / Zweck der Diskussion präzisieren

- **Das Anliegen / Der Zweck | der heutigen | Tagung / Sitzung | ist (es), | eine Entscheidung über . . . zu | treffen. / fällen.**

- **Es ist unsere Aufgabe, / Unsere Aufgabe besteht darin, | Empfehlungen für . . . auszuarbeiten. / . . . | zu erörtern. / zu diskutieren.**

- **Was wir (heute) diskutieren wollen, ist . . .**

- **Womit wir uns heute befassen wollen, ist . . .**

- **Dies ist ein günstiger Zeitpunkt, / Mit . . . ist nun ein (sehr) günstiger Zeitpunkt gekommen, | um . . . zu diskutieren.**

- **Diese Sitzung bietet (uns) eine gute Gelegenheit . . .**

– ***Das Anliegen der heutigen Sitzung ist es, eine Entscheidung über*** *die Verlegung der Forschungsabteilung weg vom Hauptsitz* ***zu treffen****.*

– ***Mit*** *der Annahme des Gesetzes über die Ausbildungsreform* ***ist nun ein günstiger Zeitpunkt gekommen, um*** *die Einstellung neuer Lehrer* ***zu diskutieren****.*

– ***Diese Sitzung bietet uns eine gute Gelegenheit****, Gedanken über Absatzstrategien* ***auszutauschen.***

Die ersten vier Formulierungen konkretisieren ausschließlich die inhaltlichen Schwerpunkte einer Diskussion. Die letzten zwei Redewendungen betonen dagegen den günstigen Zeitpunkt für den Gedankenaustauch zu einem Thema.

2.3. Formuler l'objet de la réunion

- **L'objet / Le but | de la réunion d'aujourd'hui est de prendre une décision | au sujet de ... / quant à ... / à propos de ... / concernant ...**

- **Notre tâche consiste à | donner des directives | sur ... / pour ...**
  | débattre ...
  | discuter ...

- **Nous devons discuter (aujourd'hui) de ...**

- **Le sujet que nous devons traiter aujourd'hui est ...**

- **C'est le bon moment / Le moment est opportun | pour discuter ...**

- **Cette réunion nous donne | une bonne / l' | occasion | de ... / pour ...**

– ***Le but de la réunion d'aujourd'hui est de prendre une décision à propos d'****une nouvelle implantation du département de recherche, loin du quartier général.*

– *Maintenant que la loi de réforme de l'enseignement vient d'être adoptée,* ***le moment est opportun pour discuter*** *du recrutement des professeurs.*

– ***Cette réunion nous donne une bonne occasion d'****échanger des idées sur différentes conceptions de la commercialisation.*

Les quatre premières expressions ne concernent que l'objet ou le sujet de la réunion alors que les deux dernières soulignent le moment opportun d'un échange de vues.

2.4. Die Tagesordnung: Ergänzungen / Änderungen vorschlagen

• **Ich**	**schlage vor,**	**dass wir der Tagesordnung**	**Folgendes hinzufügen: . . .**
	möchte vorschlagen,		**. . . hinzufügen.**

• **Erlauben**	**Sie mir,**	**die folgenden Bemerkungen zur Tagesordnung zu machen: . . .**
Gestatten		**Folgendes zur Tagesordnung zu bemerken: . . .**

• **Sollten wir**	**nicht . . . (von der Tagesordnung) streichen?**
	(der Tagesordnung) nicht . . . hinzufügen?
	die Tagesordnung nicht durch . . . ergänzen?

• **Ich denke, ein Punkt, den wir diskutieren sollten, ist . . .**
Ein Punkt, der diskutiert werden muss, ist . . .

• **Sollten wir nicht (auch)**	**diskutieren?**
	behandeln?

– ***Ich möchte vorschlagen, dass wir der Tagesordnung*** *die Frage des Werbebudgets für das nächste Jahr* ***hinzufügen****.*

– ***Sollten wir die Tagesordnung nicht durch*** *einen speziellen Punkt über die gleiche Entlohnung für Frauen* ***ergänzen****?*

– ***Ich denke, ein Punkt, den wir diskutieren sollten, ist*** *die Konsequenz, die ein verspäteter Beginn des Projekts für die erwarteten Einnahmen hat.*

Obwohl Stil und Grad der Höflichkeit der Redewendungen dieses Abschnitts variieren, haben alle in etwa die gleiche Aussagestärke.

2.4. L'ordre du jour: le commenter et proposer de l'amender

-

Je	(vous) propose suggère suggérerais proposerais	d'ajouter	à l'ordre du jour ...
J'aimerais ajouter			

- **Permettez-moi de faire les remarques suivantes à propos de l'ordre du jour: ...**

-

Ne devrait-on pas Je me demande si nous ne devrions pas	supprimer (de		l'ordre du jour) ...
	ajouter inscrire	(à	

-

Un	des points point	qu'il serait désirable d'aborder que je propose d'aborder dont nour devrions débattre	concerne ...

-

Je pense que nous devrions (aussi)	soulever traiter	la question le problème	de ...

- ***J'aimerais ajouter à l'ordre du jour*** *la question du budget publicitaire pour l'an prochain.*
- ***Je me demande si nous ne devrions pas ajouter*** *un point particulier sur l'égalité des salaires pour les femmes?*
- ***Un des points que je propose d'aborder concerne*** *les conséquences sur les recettes prévues du retard dans le lancement du projet.*

Bien que leur style et leur degré apparent de politesse diffèrent, toutes les expressions ont la même force.

2.5. Die Tagesordnung: Vorschläge zurückweisen

- **Ich halte es für / Es ist (sicherlich) | keine gute Idee, . . .**

- **Ich schlage vor, dass wir | unsere Diskussion auf . . . beschränken. / . . . behandeln.**

- **Es fällt mir schwer, . . . zu akzeptieren.**

- **Wir werden (höchst)wahrscheinlich nicht die Zeit haben, . . . auf die heutige Tagesordnung zu setzen.**

- **Ich kann dem Vorschlag, . . . | hinzuzufügen, / zu streichen, | nicht zustimmen.**

- **Meine Weisungen | lassen es nicht zu, / gestatten es nicht, | . . .**

– ***Es ist sicherlich keine gute Idee,*** *unsere Tagesordnung mit zusätzlichen Punkten zu belasten.*

– ***Ich schlage vor, dass wir uns auf*** *jene Tagesordnungspunkte* ***beschränken,*** *für die Unterlagen zu Verfügung stehen.*

– ***Es fällt mir schwer,*** *eine derart weitgehende Abweichung von der vereinbarten Tagesordnung* ***zu akzeptieren.***

– ***Wir werden höchstwahrscheinlich nicht die Zeit haben,*** *diesen Punkt* ***auf die heutige Tagesordnung zu setzen.***

– ***Meine Weisungen lassen es nicht zu,*** *eine Diskussion über die finanziellen Aspekte des Vorschlags zu führen.*

Die Redewendungen diese Abschnitts sind nach zunehmendem Grad der Ablehnung angeordnet. Die letzte Formulierung ist sehr förmlich und zumeist nur bei Verhandlungen auf Regierungsebene gebräuchlich.

2.5. L'ordre du jour: repousser des propositions

- **Je ne pense pas que ce soit une bonne idée de . . .**

- **Je suggère | de nous limiter à (la discussion de) . . .**
  | que nous nous en tenions à (la discussion de) . . .

- **Il | me parait | difficile d'accepter . . .**
  | m'est |

- **Je crois que nous avons assez de | sujets à traiter | aujourd'hui sans**
  | travail | y ajouter . . .

- **Je ne peux pas accepter la proposition | d'ajouter . . .**
  | de supprimer . . .

- **Les instructions que j'ai reçues ne me permettent pas de . . .**

– ***Je ne pense pas que ce soit une bonne idée de*** *surcharger notre ordre du jour de point supplémentaires.*

– ***Je suggère de nous limiter aux*** *sujets pour lesquels nous disposons d'une documentation appropriée.*

– ***Il me parait difficile d'accepter*** *un tel changement dans l'ordre du jour.*

– ***Je crois que nous avons assez de sujets à traiter aujourd'hui sans y ajouter*** *d'autres questions.*

– ***Les instructions que j'ai reçues ne me permettent pas de*** *discuter les aspects financiers de cette proposition.*

Dans cette partie, les expressions pour repousser une proposition sont classées par ordre croissant. La dernière phrase, très officielle, ne s'emploie que lors de réunions gouvernementales ou diplomatiques.

2.6. Die Tagesordnung: Vorschläge modifizieren

- **Wir könnten diese**

Wir könnten diese	**Punkte**	**(viel-leicht)**	**im Rahmen ...**	**behan-deln.**
	Gesichtspunkte		**unter ...**	
	Fragen			

-

Der Punkt	**... könnte in Ver-bindung mit**	**behandelt**	**werden.**
Die Frage der		**erörtert**	
Die Problematik der			

-

Ich denke, die von Ihnen vorge-schlagene Problematik ist	**bereits**	**im Tagesord-nungspunkt ...**	**erfasst.**
	schon		**enthalten.**

-

Hinsichtlich	**des Vorschlags ... überlege ich, ob es nicht besser wäre, ...**
Bezüglich	

- **Ich möchte vorschlagen, dass wir die Punkte in der folgenden Reihenfolge behandeln: ...**

– ***Wir könnten diese Frage unter*** *der Rubrik "Sonstiges"* ***behandeln****.*

– ***Die Frage der*** *Erschöpfung mineralischer Rohstoffe* ***könnte in Verbindung mit*** *dem Tagesordnungspunkt zu synthetischen Substituten* ***erörtert werden****.*

– ***Ich denke, die von Ihnen vorgeschlagene Problematik ist bereits im Tagesordnungspunkt*** *über den erweiterten Versicherungsschutz* ***erfasst****.*

– ***Hinsichtlich des Vorschlags****, einen neuen Tagesordnungspunkt zur Wasserverunreinigung aufzustellen,* ***überlege ich, ob es nicht besser wäre,*** *die diesbezüglichen Fragen im Rahmen eines erweiterten Tagesordnungspunktes 4 über allgemeine Umweltprobleme zu behandeln.*

Anliegen dieses Abschnitts ist es, einen Kompromiss zur Tagesordnung zu erzielen. Dementsprechend haben alle Formulierungen einen höflichen Stil.

2.6. L'ordre du jour: l'amender

- **(Peut-être) pourrions-nous | examiner / traiter | ces | points / questions | dans le cadre de . . . / sous . . .**

- **Le problème / La question | de . . . pourrait être considéré(e) en même temps que . . .**

- **Je crois que la question que vous avez évoquée figure déjà à la rubrique de . . .**

- **Quant à / En ce qui concerne | la proposition de . . . , | je me demande s'il ne vaudrait pas mieux . . . ? / ne vaudrait-il pas mieux . . .**

- **Je proposerais de traiter ces points dans l'ordre suivant . . .**

– ***Nous pourrions traiter ces points sous*** *la rubrique "divers".*

– ***La question de*** *l'épuisement des ressources minérales* ***pourrait être considérée en même temps que*** *celle des substituts synthétiques.*

– ***Je crois que la question que vous avez évoquée figure déjà à la rubrique de*** *l'extension de la couverture du risque.*

– ***Quant à la proposition*** *d'inscrire à l'ordre du jour un nouveau point concernant la pollution de l'eau,* ***ne vaudrait-il pas mieux*** *l'examiner à la rubrique 4 qui regroupe les problèmes d'environnement en général?*

Dans la mesure où l'on recherche un compromis, on donne à ces remarques une forme courtoise.

Kapitel III

Die Darstellung des eigenen Standpunktes

Eine unklare Rede ist ein blinder Spiegel.

Chinesisches Sprichwort

Nach Verabschiedung der Tagesordnung hat jeder Teilnehmer die Gelegenheit, seinen Standpunkt zu den wesentlichen Aspekten des Diskussionsgegenstandes darzulegen. Eine übersichtliche Strukturierung Ihres Vortrags ist besonders wichtig, da der Hörer wie bei einem Museumsrundgang durch Ihre Gedanken geführt werden will. Teilen Sie den Informationsfluss in für die Zuhörer verdauliche Portionen auf! Scheuen Sie sich nicht, bestimmte Gedanken zusammenzufassen oder zu wiederholen, besonders dann, wenn es sich um Kernpunkte Ihrer Argumentation handelt!

Eine Sprache, die die Zuhörer verwirrt, ist wenig hilfreich. Im Ausdruck sind Klarheit und Einfachheit gefragt. Bemühen Sie sich, kurze Sätze zu formulieren, und vermeiden Sie, die Zuhörer zu überfordern! Vergessen Sie auch nicht, dass ein Teil des Publikums Ihnen in einer Fremdsprache folgen muss!

Nutzen Sie Ihren Diskussionsbeitrag in erster Linie dazu, Ihre Argumente zu vertiefen und zu erweitern! Heben Sie die Kernpunkte Ihrer Argumentation hervor und veranschaulichen Sie schwierige Zusammenhänge so oft wie möglich! Taktisch klug ist es ferner, durch geschicktes Abwägen Ihrer Argumente Einwände vorwegzunehmen.

Erwarten Sie von Ihren Zuhörern nicht, Zusammenhänge zu verstehen, über die Sie sich selbst im Unklaren sind! Sachkompetenz allein genügt aber nicht. Ohne ausreichende Klarheit über das eigene Verhandlungsziel können Sie keine effektive Diskussionsstrategie verfolgen.

Es ist auch nicht unwichtig, ein Gespür für die Reaktionen seiner Zuhörer zu besitzen. Versuchen Sie möglichst früh zu lokalisieren, aus welcher Ecke Unterstützung und von wo Widerstand zu erwarten ist!

Und schließlich vergessen Sie nicht: *Vorträge, die in Stunden gemessen werden, sterben mit den Stunden* (Thomas Jefferson)!

Chapitre III

Présenter vos arguments

Un discours obscur est un miroir terni.

Proverbe chinois

Après l'adoption de l'ordre du jour, le (la) président(e) invite les participants à en venir à l'essentiel et à soumettre leurs propositions initiales. Lors de cette première occasion de présenter votre cause, il est nécessaire de développer vos arguments avec ordre, de donner au besoin des exemples, de souligner les points que vous considérez importants, de prévoir les objections et de rassembler vos idées afin que vos interlocuteurs comprennent clairement votre position et vos propositions.

Si vous n'avez pas d'abord clarifié vos idées, ne vous attendez pas à ce que votre auditoire vous comprenne. Maîtriser votre sujet ne suffit pas, il faut aussi que vous définissiez clairement vos objectifs. Si ces derniers ne sont pas clairs, vous ne pourrez pas mettre en œuvre une stratégie efficace.

Un second principe de base consiste à comprendre votre auditoire. Prévoyez les soutiens et les oppositions - structurez vos arguments afin de donner de l'importance aux premiers et de neutraliser les secondes. Adaptez votre langage à l'auditoire – une argumentation qui l'égare ou l'embrouille ne peut réussir. De plus, songez que certains auditeurs peuvent être contraints de vous suivre dans une langue qui n'est pas la leur. Voilà qui ajoute à la nécessité d'être simple et clair.

Un conseil supplémentaire : découpez vos arguments de sorte qu'ils soient compris et, si nécessaire, répétez-les et résumez-les.

Les expressions de ce chapitre vous aideront à présenter vos arguments de façon claire et ordonnée.

Enfin, n'oubliez-pas: *Les discours qui durent des heures meurent dans l'heure* (Thomas Jefferson).

3.1. Die ersten Worte

•	Einleitend Eingangs	möchte ich	sagen, dass ... in Erinnerungen rufen, dass ... ... in Erinnerung rufen.

•	Meiner Ansicht nach ist ... Ich denke, ... ist	das Grundproblem. die Hauptfrage. die Kernfrage.

• Es gibt	eine ganze Reihe von Punkten, verschiedene / einige Fragen,		die ich hier	anschneiden zur Sprache bringen	möchte: ...

•	Lassen Sie mich Ich möchte	mit Ihnen einige Gedanken zu ... austauschen.

• Der Hintergrund zu	diesem Thema dieser Problematik	ist ...

– ***Einleitend möchte ich*** *die von mir auf unserer letzten Beratung gemachten Bemerkungen* ***in Erinnerung rufen.***

– ***Meiner Ansicht nach ist*** *die mangelhafte Qualitätskontrolle durch unseren Hauptlieferanten* ***das Grundproblem.***

– ***Lassen Sie mich mit Ihnen einige Gedanken zur*** *Verbesserung des Rufes unseres Unternehmens und seiner Produkte (in der Öffentlichkeit)* ***austauschen.***

– ***Der Hintergrund zu dieser Problematik ist*** *das Schrumpfen unseres Marktanteils.*

Eine Wortmeldung im Anfangsstadium einer Diskussion ermöglicht Ihnen, bestimmte Akzente für die Richtung und den weiteren Verlauf der Diskussion zu setzen.

3.1. Formules d'introduction

-

Laissez-moi J'aimerais	(tout) d'abord	dire . . . noter . . . rappeler . . .

-

Pour ma part A mon avis Il me semble que	la question le problème	fondamental(e) principal(e) essentiel(le)	est . . .

-

Je	voudrais souhaiterais dois	faire	un certain nombre de plusieurs	remarques: . . .

-

Je souhaiterais échanger avec vous quelques idées	sur . . . au sujet de . . .

-

L'origine de	nos problèmes ce problème	est . . .

- ***J'aimerais tout d'abord rappeler*** *les remarques que j'ai faites lors de notre dernière réunion.*
- ***A mon avis le problème principal est*** *que le contrôle de la qualité effectué par notre principal fournisseur laisse à désirer.*
- ***Je souhaiterais échanger avec vous quelques idées sur*** *les possibilités d'améliorer (auprès du public) l'image de notre société et de ses produits.*
- ***L'origine de nos problèmes est*** *la diminution de notre part de marché.*

Faire une déclaration au début d'une réunion permet d'orienter les débats et d'influer sur son cours.

3.2. Argumente vertiefen und erweitern

- **Ferner ist es wichtig | zu berücksichtigen, / anzumerken, | dass ...**
- **Des Weiteren möchte ich | hervorheben, / betonen, / darauf | hinweisen, / verweisen, | dass ...**
- **| Was sind (nun) die Konsequenzen dieses Vorschlags? / Man fragt sich (natürlich), was die Konsequenzen dieses Vorschlags sind.**
- **Ich möchte mich nun ... zuwenden.**
- **Das bringt mich | zum Problem ... / zur Frage ...**
- **| Diese Frage / Die Frage ... | kann nicht losgelöst von ... | behandelt / erörtert / diskutiert | werden.**

– ***Des Weiteren möchte ich darauf verweisen, dass*** *die geringe Bezahlung die Hauptursache für die hohe Fluktuation der Arbeitskräfte ist.*

– ***Die Frage*** *der Straßenbenutzungsgebühren* ***kann nicht losgelöst von*** *unseren internationalen Verpflichtungen* ***erörtert werden****.*

Zur Vertiefung und Erweiterung Ihrer Argumente lassen sich auch viele der in Abschnitt 4.5. **Zusätzliche Informationen liefern** aufgelisteten Redewendungen einsetzen.

Abgesehen von den Formulierungen oben ermöglichen auch zahlreiche einfache Verbindungswörter die Verkettung von Gedanken. Wie in den ersten zwei Redewendungen illustriert, zählen dazu unter anderem

– *ferner* – *überdies* – *des Weiteren*
– *darüber hinaus* – *weiterhin* – *außerdem*
– *in diesem Zusammenhang*

Durch rhetorische Fragen, wie in Formulierung drei, regen Sie Ihre Zuhörer stärker zum Mitdenken an.

3.2. Développer un argument

- **De plus, il est important de noter que . . .**

- **En outre, | j'aimerais / je voudrais | souligner . . . / mettre en lumière . . . / attirer votre attention sur . . .**

- **Quelles sont les | implications / conséquences | de cette proposition?**

- **J'aimerais maintenant passer à . . .**

- **Cela m'amène à aborder la question de . . .**

- **On ne peut | traiter cette question indépendamment de . . . / dissocier la question de . . . de . . .**

– ***En outre, j'aimerais souligner*** *que le bas niveau des salaires est la cause principale de l'importante fluctuation de notre main-d'œuvre.*

– ***On ne peut dissocier la question des*** *péages d'autoroute* ***du*** *respect de nos engagements internationaux.*

La plupart des expressions de la section 4.5. **(Fournir un supplément d'information)** peuvent également être employée à ce stade.

Vous pouvez pour relier et développer vos idées employer des mots ou expressions comme:

– ensuite	*– en outre*	*– de plus*
– de surcroît	*– dans cet ordre d'idées*	*– d'ailleurs*
– en relation avec		

C'est ce qu'illustrent les deux premières expressions.

On notera, dans la troisième formule, le côté rhétorique de la question posée.

3.3. Sachverhalte veranschaulichen

• **Um diesen**	**Punkt**	**zu veranschaulichen,**	**lassen Sie**	**uns ...**	**behandeln.**
	Sachverhalt	**zu verdeutlichen,**			**in Betracht ziehen.**

• **Betrachten**	**wir**	**beispielsweise**	**...**
Nehmen		**zum Beispiel**	

- **Als Beispiel möchte ich ... anführen.**

• **Zur**	**Veranschaulichung**	**will ich ...**	**anführen.**
	Illustration	**möchte ich ...**	**heranziehen.**
	Verdeutlichung	**lassen Sie mich den Fall ...**	

- **Ein typisches Beispiel ist ...**

– ***Um diesen Punkt zu verdeutlichen, lassen Sie uns*** *den Fall der Übertragbarkeit von Rentenansprüchen* ***in Betracht ziehen.***

– ***Nehmen wir beispielsweise*** *die Lebenserwartung eines Rauchers gegenüber der eines Nichtrauchers.*

– ***Zur Veranschaulichung lassen Sie mich den Fall*** *der exterritorialen Durchsetzung der Steuergesetzgebung durch einige Staaten* ***heranziehen****.*

– ***Ein typisches Beispiel ist*** *der dramatische Verfall der Preise von Nichteisenmetallen.*

3.3. Donner des examples

- **Pour illustrer ce point** | **prenons le cas de . . .** / **examinons . . .**

- **Considérons par exemple . . .**

- **Permettez-moi de** | **donner** / **prendre** / **citer** | **comme exemple . . .**

- **A titre** | **d'illustration,** / **d'example,** | **je voudrais** / **permettez-moi de** | **citer le cas de . . .** / **me référer à . . .**

- **Un cas typique est . . .**

– ***Pour illustrer ce point, prenons le cas de*** *la cessibilité des droits de retraite.*

– ***Considérons par exemple*** *l'espérance de vie d'un fumeur et d'un non-fumeur.*

– ***A titre d'illustration, permettez-moi de citer le cas de*** *l'application extra-territoriale de la législation fiscale pratiquée par certains états.*

– ***Un cas typique est*** *la baisse dramatique du prix des métaux non-ferreux.*

3.4. Bestimmte Punkte hervorheben

- **Ich möchte** | **hervorheben, / unterstreichen, / betonen,** | **dass ...**

- **Lassen Sie mich deutlich machen, dass ...**

- **Es braucht wohl nicht besonders hervorgehoben zu werden, dass ...**

- **Man sollte (sicherlich) gleich** | **von Beginn an / am Beginn** | **hervorheben, / unterstreichen, / betonen,** | **dass ...**

- | **Ich habe keinen Zweifel (daran), / Meiner Meinung nach gibt es nicht den geringsten Zweifel (daran), / Es steht außer Zweifel,** | **dass ...**

– ***Ich möchte unterstreichen, dass*** *trotz hoher Werbeausgaben unsere Verkaufserlöse dürftig geblieben sind.*

– ***Lassen Sie mich deutlich machen, dass*** *– wie auch immer unsere Entscheidung ausfallen mag – ein Abbau von Arbeitskräften unumgänglich sein wird.*

– ***Es braucht wohl nicht besonders hervorgehoben zu werden, dass*** *das Energiesparprogramm mit größerem Nachdruck verfolgt werden muss.*

– ***Meiner Meinung nach gibt es nicht den geringsten Zweifel daran, dass*** *wir zusätzliche Maßnahmen ergreifen müssen, um die Umstellung auf bleifreies Benzin zu unterstützen.*

Die Redewendungen dieses Abschnitts nehmen nach unten hin in ihrer Aussagestärke zu. In ihrer Gesamtheit gehören sie in zwei Kategorien: persönliche und unpersönliche Wendungen. Je förmlicher der Rahmen einer Diskussion ist, desto stärker ist das Bestreben, auf unpersönliche Formulierungen zurückzugreifen.

Nach einem ersten Gedankenaustausch können Sie die Redewendungen oben auch dazu nutzen, um auf einen speziellen Gesichtspunkt zurückzukommen (vergleiche Abschnitt 5.5. **Einer Sache Nachdruck verleihen**).

3.4. Insister sur certains points

- **Je voudrais**
  - **insister sur . . .**
  - **souligner**
    - **que . . .**
    - **le fait que . . .**

- **Qu'il soit (bien) clair que . . .**

- **Inutile de souligner que . . .**

- **Il faut**
  - **insister (dès maintenant) sur . . .**
  - **souligner le fait (dès le départ) que . . .**

- **D'après moi,**
  - **cela ne fait aucun**
  - **il est hors de**
  - **il n'y a pas l'ombre d'un**

  doute que . . .

– ***Je voudrais souligner qu'****en dépit de frais de publicité élevés nos ventes sont demeurées médiocres.*

– ***Qu'il soit clair que*** *quelle que soit notre décision, il y aura de toute manière des licenciements.*

– ***Inutile de souligner qu'****il est essentiel que le programme d'économie d'énergie doit être poursuivi avec plus de rigueur.*

– ***D'après moi, il n'y a pas l'ombre d'un doute qu'****il faudra prendre des mesures supplémentaires pour encourager le passage à l'essence sans plomb.*

Ces expressions sont classées par ordre croissant, elles appartiennent à deux styles différents: impersonnel et personnel. Plus une réunion ou une discussion est officielle, plus on utilisera des tournures impersonnelles.

Les expressions peuvent également être employées pour insister sur un point ou y revenir après un premier échange de vues (voir section 5.5. **Souligner un point**).

3.5. Argumente abwägen

- **Einerseits . . . , andererseits . . .**
  Auf der einen Seite . . . , auf der anderen (Seite) . . .

Es	**trifft zu,** **ist wahr,**	**dass . . .**	**Dennoch** **Trotzdem**	**(meine ich,) . . .** **(bin ich der Auffassung,) . . .** **(halte ich) . . .**

Obwohl **Obgleich**	**. . .**	**sollte** **soll** **muss**	**daran erinnert werden, dass . . .**		
		darf nicht	**vergessen** **übersehen**	**werden, dass . . .**	

In aller Fairness **Um jeder Seite gerecht zu werden,**	**sollte** **muss**	**man**	**erwähnen,** **einräumen,** **hinzufügen,**	**dass ... ,**	**jedoch . . .** **dennoch . . .** **allerdings ...** **aber . . .**

– ***Auf der einen Seite*** *ist das System recht teuer,* ***auf der anderen Seite*** *hat es den Vorteil, auf einer ausgereiften Technologie zu basieren.*

– ***Es trifft zu, dass*** *sich die Inflation in den letzten Monaten beschleunigt hat.* ***Trotzdem halte ich*** *einen Eingriff der Regierung zum gegenwärtigen Zeitpunkt für nicht gerechtfertigt.*

– ***Obwohl*** *der Umsatz in den vergangenen fünf Jahren beeindruckend angestiegen ist,* ***muss daran erinnert werden, dass*** *sich das auf Kosten der Gewinnspanne vollzogen hat.*

– ***In aller Fairness muss man einräumen, dass*** *nicht alle Parameter eindeutig zu bestimmen sind; um eine Entscheidung kommen wir* ***dennoch*** *nicht herum.*

Die ersten drei Redewendungen dienen der Vorwegnahme möglicher Einwände und sind daher taktischer Natur.

3.5. Soupeser les arguments

- **D'une part . . . , mais d'autre part . . .**
  D'un côté . . . , de l'autre . . .

- **Il est exact que . . . , toutefois**
  Bien qu'il soit exact que . . . , néanmoins | **(je pense que) . . .**
  (j'ai la conviction que ...
  (je suppose que) . . .

- **Bien que . . . ,** | **il faut rappeler que . . .**
  | **on ne doit pas** | **oublier (que) . . .**
  passer sous silence que . . .

- | **En toute honnêteté**
Pour être juste
Pour prendre en compte les deux parties | **il faut**
on doit | **ajouter ... ,**
inclure ... ,
admettre ... ,
reconnaître ... , | **mais ...**
néanmoins ... |

– ***D'une part*** *ce plan est assez coûteux,* ***mais d'autre part*** *il a l'avantage d'être fondé sur une technologie qui a fait ses preuves.*

– ***Bien qu'il soit exact que*** *l'inflation s'est accélérée ces derniers mois,* ***toutefois*** *je crois qu'à ce stade l'intervention du gouvernement n'est pas justifiée.*

– ***Bien que*** *les ventes se soient considérablement accrues ces cinq dernières années,* ***il faut rappeler que*** *c'est aux dépens de notre marge bénéficiaire.*

– ***En toute honnêteté il faut admettre*** *que tous les paramètres ne peuvent être clairement définis,* ***mais*** *une décision de principe doit être prise.*

Les trois premières expressions anticipent les objections et ont une fonction stratégique.

3.6. Text / Dokumente / Berichte einführen

- **Ich möchte (Ihnen) einen Bericht über ... vorlegen.**
  Ich möchte Ihre Aufmerksamkeit auf einen Bericht zu ... lenken.

- **Ich möchte Ihnen ein Diskussionspapier vorstellen, das ... behandelt.**

- **Es freut mich, Ihnen die Studie über ... / für ... vorzulegen. / vorlegen zu können.**

- **Gestatten / Erlauben Sie mir, (Ihnen) ein Dokument über ... / zu ... vorzustellen. / zu präsentieren.**

– ***Ich möchte Ihnen einen Bericht über*** *die von uns zur Senkung des Energieverbrauchs unternommenen Schritte* ***vorlegen****.*

– ***Ich möchte Ihnen ein Diskussionspapier vorstellen, das*** *die Kosten* ***behandelt****, die der Polizei bei der Eindämmung des Rowdytums während Fußballspielen entstehen.*

– ***Es freut mich, Ihnen die Studie über*** *verschiedene Alternativen der ins Auge gefassten Vorruhestandsregelung* ***vorlegen zu können.***

– ***Gestatten Sie mir, Ihnen ein Dokument zum*** *Einfluss unkontrollierter Abholzung auf die Umwelt* ***zu präsentieren.***

3.6. Présenter un texte

- **Je | voudrais / desirerais | vous présenter / attirer votre attention sur | un rapport concernant ...**

- **J'aimerais vous présenter un document concernant . . .**

- **J'ai le plaisir de soumettre à votre réflexion une étude sur . . .**

- **| Puis-je (vous) / Me permettez-vous de | présenter un texte concernant . . .**

– ***Je voudrais attirer votre attention sur un rapport concernant*** *les mesures que nous avons prises pour réduire la consommation d'énergie.*

– ***J'aimerais vous présenter un document concernant*** *les coûts du service d'ordre chargé d'empêcher les actes de vandalisme lors des matchs de football.*

– ***J'ai le plaisir de soumettre à votre réflexion une étude sur*** *les choix possibles concernant le plan de retraite anticipée que nous envisageons.*

– ***Puis-je vous présenter un texte concernant*** *l'influence du déboisement sauvage sur l'environnement?*

3.7. Auf schriftliches Material verweisen / Text korrigieren

- **Wenn Sie Seite ... des (Ihnen vorliegenden) Berichts aufschlagen, ...**
  Ich möchte Sie auf Absatz ... der (Ihnen vorliegenden) Studie verweisen. Dort ...

- **Abschnitt ... , Absatz ... behandelt ...**

-

Der	**erste**	**Abschnitt**	**auf Seite ...**
	letzte	**Absatz**	

-

Einige	**(inhaltliche) Fehler**	**haben sich (offen-**	**Text**	**einge-**
	Druckfehler	**sichtlich) in den**	**Bericht**	**schlichen.**

-

Im Text sind	**mir**	**(leider) einige**	**Flüchtigkeitsfehler**	**unterlaufen.**
	uns		**Fehler**	

– ***Wenn Sie Seite** 10 **des Ihnen vorliegenden Berichts aufschlagen,** so ist offensichtlich, dass sich unsere frühere Vorhersage des Umsatzpotenzials als vorsichtig herausgestellt hat.*

– ***Abschnitt** 4, **Absatz** 20 **behandelt** die finanziellen Konsequenzen der vorgeschlagenen Verkürzung der Arbeitswoche.*

– *In Beantwortung Ihrer Frage möchte ich darauf verweisen, dass **der erste Abschnitt auf Seite** 5 diesen Punkt behandelt.*

Von der Darstellung des eigenen Standpunktes abgesehen, entsteht im Verlauf einer Diskussion an verschiedenen Stellen die Notwendigkeit, auf schriftliches Material zu verweisen. Sofern dies in Beantwortung einer Frage erfolgt, können Sie – wie in Beispielsatz drei illustriert – den Redewendungen die Einführungsformulierung *In Beantwortung Ihrer Frage* voranstellen.

Die beiden letzten Formulierungen gestatten es Ihnen einerseits, auf Fehler bzw. notwendige Korrekturen in den der Diskussionsrunde bereits vorliegenden Unterlagen hinzuweisen. Andererseits können Sie diese zwei Wendungen auch dazu nutzen, auf kleine Unkorrektheiten in jenem schrifltichen Material aufmerksam zu machen, das Sie gerade Ihren Zuhörern vorstellen.

3.7. Renvoyer à / Corriger un texte

Si vous vous reportez	**à la page ...**	**de la présente étude, ...**
Veuillez vous reporter	**au paragraphe ...**	**du présent rapport, ...**

La section ..., paragraphe ...	**traite de ...**
	à pour objet ...

Le paragraphe	**en haut**	**de la page ... concerne ...**
La phrase	**au bas**	

Quelques erreurs	**(portant sur le fond)**	**se sont glissées**	**texte.**
	(d'impression)	**dans le**	**rapport.**

On a laissé passé une ou deux	**fautes**	**dans le texte.**
	erreurs	

– ***Si vous vous reportez à la page** 10 **du présent rapport,** il est évident que notre précédente prévision concernant notre capacité de vente s'est révélée prudente.*

– ***La Section** 4, **paragraph** 20 **traite des** conséquences sur le plan financier de la proposition de réduire la semaine de travail.*

– *En réponse à votre question, **le paragraphe en haut de la page** 5 **concerne** ce point.*

Vous exposerez votre point de vue et, au cours de la discussion, vous aurez à plusieurs reprises à faire référence à des documents.

Lorsqu'il est nécessaire de le faire pour répondre à une question, on peut utiliser les trois premières expressions en les faisant précéder de *En réponse / Pour répondre à votre question.*

Les deux dernières phrases permettent de signaler des erreurs dans un rapport ou dans un texte au moment même où on le présente.

3.8. Zum Abschluss kommen

• **Zum Abschluss**	**möchte ich (noch einmal)**	**betonen,**	**dass ...**
Abschließend		**hervorheben,**	

• **Ich möchte meine Ausführungen abschließen, indem ich (noch einmal) ...**	**betone.**
	hervorhebe.
	unterstreiche.

• **Um noch einmal zusammenzufassen: ...**
Zusammenfassend möchte ich sagen, dass ...

- **Das Wesentliche lässt sich (nochmals) wie folgt zusammenfassen: ...**

• **Es bleibt mir nur noch**	**zu sagen,**	**dass ...**
	hinzuzufügen,	

• **Weiter**	**will**	**ich**	**im gegenwärtigen**	**Stadium unserer Diskussion nicht gehen.**
	möchte		**in diesem**	

– ***Zum Abschluss möchte ich betonen, dass*** *eine aktive Beteiligung des Personals an der Realisierung dieser Vorschläge unabdingbar ist.*

– ***Ich möchte meine Ausführungen abschließen, indem ich noch einmal*** *die Schwachstellen der vorgeschlagenen finanziellen Arrangements* ***hervorhebe****.*

– ***Zusammenfassend möchte ich sagen, dass*** *die finanziellen, personellen und ökologischen Dimensionen des Vorschlags nicht voneinander zu trennen sind.*

– ***Es bleibt mir nur noch zu sagen, dass*** *ich einem fruchtbaren Meinungsaustausch zu dieser Frage erwartungsvoll entgegensehe.*

Die ersten vier Formulierungen leiten nicht nur die Schlusssätze Ihres Vortrags ein, sie gestatten auch eine nochmalige Hervorhebung der Kernpunkte.

3.8. Conclure

- **Pour terminer, / En conclusion, | j'aimerais | souligner (une fois de plus) . . . / réitérer . . .**
- **J'aimerais conclure en | mettant en évidence . . . / soulignant . . . / signalant . . .**
- **En résumé, (je | voudrais dire que) . . . / dirais que) . . .**
- **De mon point de vue, il est essentiel de . . . / A mon avis, le point fundmental est . . .**
- **Il ne me reste plus qu'à / Laissez-moi encore | dire / ajouter | que . . .**
- **Au stade actuel de notre discussion je ne souhaite pas aller plus loin.**

– ***En conclusion, j'aimerais souligner*** *qu'il faut que le personnel participe activement à la mise en œuvre de ces propositions.*

– ***J'aimerais conclure en soulignant*** *les points faibles des arrangements financiers proposés.*

– ***En résumé, je voudrais dire que*** *les aspects tant financiers qu'écologiques de cette proposition, ainsi que ceux relatifs au personnel, ne peuvent être traités séparément.*

– ***Il ne me restr plus qu'à ajouter que*** *la perspective d'arriver à des échanges de vues fructueux sur ce thème me ferait plaisir.*

Les trois premières expressions servent à conclure votre exposé et à en souligner les points essentiels.

Kapitel IV

Der Dialog – Informationsfluss

Die meisten Streitigkeiten rühren daher, dass die Menschen entweder ihre eigenen Gedanken nicht richtig darstellen können oder die Gedanken ihrer Gesprächspartner falsch deuten.

Spinoza

Nachdem Sie die Gelegenheit hatten, Ihren Standpunkt darzulegen, beginnt nun die Phase des Informationsaustauschs. Jeder Meinungsstreit setzt ein ausreichendes Maß an Sachinformation über die von den Diskussionsteilnehmern vertretenen Standpunkte voraus. Die vorliegende Diskussionsphase bietet Ihnen die Gelegenheit, durch Rückfragen und Richtigstellung Missverständnisse auszuräumen und weitere Sachinformationen zu erhalten. Sie legen damit den Grundstein für Ihre Meinungsbildung in Kapitel 5.

Chapitre IV

Le dialogue – faire passer l'information

Dans une discussion, la plupart des querelles surgissent, soit parce que l'on présente mal ses arguments, soit parce que l'on interprète mal ceux des ses partenaires.

Spinoza

Une fois que les participants auront présenté leurs arguments initiaux, on entre dans la phase où l'information devra être élargie et approfondie. C'est une étape critique dans la discussion où vous devez essayer de mieux comprendre les propositions des autres et vous assurez qu'ils comprennent complètement vos idées. C'est aussi une étape où vous devez chercher d'autres points de vues, demander des clarifications ou des informations supplémentaires et où vous devez clarifier et offrir une information supplémentaire à vos propositions. Cela établira les bases d'une prise de position, d'une approbation ou d'une opposition. Celles-ci seront abordées dans le chapitre V.

4.1. Jemanden zur Stellungnahme auffordern

- **Welchen Standpunkt vertreten Sie zu . . . ?**
Was ist Ihr Standpunkt zu . . . ?

- **Was / Wie ist Ihre Meinung / Auffassung zu . . . (, Herr Wilke)?**

- **Herr Wilke, was ist Ihre Ansicht dazu?**
Vielleicht möchten Sie, Herr Wilke, (kurz) dazu Stellung nehmen?

- **Was denken Sie über . . . ?**
Was halten Sie von . . . ?

– ***Was ist Ihr Standpunkt zu*** *dem Vorschlag, das Inventursystem zu überprüfen?*

– ***Was ist Ihre Meinung zum*** *Vorschlag, die Subventionierung der Belegschaftskantine einzustellen?*

– ***Was halten Sie von*** *der Idee, eine flexible Arbeitszeit einzuführen?*

Die Redewendungen dieses Abschnitts dienen der Ingangsetzung oder Beschleunigung des Informationsflusses. Die Formulierungen gestatten Ihnen, zurückhaltende Diskussionsteilnehmer gezielt anzusprechen. Die letzte Redewendung eignet sich mehr für eine informelle Diskussion.

4.1. Solliciter d'autres points de vue

- **Puis-je** | **avoir votre opinion sur . . . ?**
| **vous demander ce que vous pensez de . . . ?**

- **Monsieur (Wilke), quel/le est votre** | **opinion** | **sur . . . ?**
| **point de vue** | **concernant . . . ?**

- | **Voulez-vous** | **nous faire part de vos observation**
| **Vous voudriez peut-être** | **Monsieur (Wilke)?**

- | **Que pensez-vous de . . . ?**
| **Quel est votre sentiment sur . . . ?**

– ***Puis-je vous demander ce que vous pensez de*** *la suggestion de revoir notre système des inventaires?*

– ***Quelle est votre opinion concernant*** *la proposition d'arrêter de subventionner la cantine du personnel?*

– ***Que pensez-vous de*** *l'idée d'introduire l'horaire flexible?*

Ces expressions s'utilisent pour solliciter le point de vue des autres participants. La dernière convient davantage à une réunion informelle.

4.2. Abklärung / Aufschluss suchen

- **Ich habe Ihren (letzten) Punkt nicht (ganz) / (richtig) verstanden. Könnten / Können Sie ihn noch einmal wiederholen?**
- **Könnten / Können Sie erklären, was Sie unter ... verstehen?**
- **Kann ich Ihren Bemerkungen entnehmen, / davon ausgehen, dass ...?**
- **Verstehe ich Sie richtig, wenn Sie sagen, ...? Meinen Sie (damit etwa), / (wirklich), dass ...?**
- **Gehe ich richtig in der Annahme, dass ...?**
- **Korrigieren Sie mich, wenn ich falsch liege, doch ...**

- ***Könnten Sie erklären, was Sie unter*** *Verbrauchsgütern* ***verstehen****?*
- ***Kann ich Ihren Bemerkungen entnehmen, dass*** *eine Erhöhung der Zinssätze unmittelbar bevorsteht?*
- ***Verstehe ich sie richtig, wenn Sie sagen,*** *dass keine weiteren Mittel mehr verfügbar gemacht werden können.* ***Meinen Sie damit etwa, dass*** *Teile des Krankenhauses geschlossen werden?*

Die Notwendigkeit zur Abklärung entsteht aus verschiedenen Gründen. So kann sich Ihr Gesprächspartner nicht klar genug ausgedrückt haben oder Ihnen sind einige Aspekte seiner Darlegungen entfallen. Darüber hinaus kann eine Bitte um Abklärung als taktisches Mittel zur Hervorhebung fehlerhafter Argumente Ihres Diskussionspartners dienen.

Die vierte Redewendung erfordert ein gewisses Feingefühl. Wenn Sie den Zusatz *damit etwa* einbauen und zugleich betonen, verwandelt sich Ihre Bitte um Abklärung in brüske Ablehnung im Stil: „Das kann ja wohl nicht wahr sein!“ Betonen Sie den Zusatz *damit etwa* nicht, so wandelt sich der Charakter der Formulierung: Sie melden jetzt Vorbehalte an. Verwenden Sie anstelle des Zusatzes *damit etwa* das Wort *wirklich*, erhält die Vergewisserungsfrage einen ironischen Ton im Sinne: „Ist das Ihr Ernst?“

4.2. Demander des éclaircissements

- **Je n'ai pas (bien) saisi | votre (dernière) remarque, / ce que vous avez dit, | pourriez-vous y revenir?**

- **Pourriez-vous expliquer ce que vous entendez par . . . ?**

- **(D'après vos remarques) dois-je comprendre que . . . ?**

- **(Voyons,) si je (vous) comprends bien, lorsque vous dites . . . ,
voulez-vous (vraiment) dire que . . . ?**

- **Si j' | ai bien compris, . . . / interprète bien vos propos, . . .**

- **Reprenez-moi si je me trompre, mais . . .**

– ***Pourriez-vous expliquer ce que vous entendez par*** *biens de consommation courante?*

– ***Dois-je comprendre qu'****une augmentation des taux d'intérêt est imminente?*

– ***Si je vous comprends bien, lorsque vous dites*** *qu'une rallonge financière est impossible,* ***voulez-vous vraiment dire que*** *des salles d'hôpitaux seront fermées?*

La nécessité d'élucider un point provient de ce que l'orateur ne s'est pas exprimé clairement ou du fait que l'auditeur n'a pas saisi tous les aspects d'un argument. Demander des éclaircissements peut aussi être une tactique pour dévoiler la fragilité d'un argument.

Faire précéder le verbe "dire" de *vraiment* dans la quatrième expression s'emploie pour exprimer une objection; si l'on met l'accent sur *vraiment*, on donne à son objection une connotation ironique qui la renforce.

4.3. Um zusätzliche Informationen bitten

• **Könnten Sie vielleicht ...**	**verdeutlichen?**
	präzisieren?
	genauer ausführen?

• **Ich möchte gern (ein wenig) mehr**	**über ...**	**wissen.**
	zu ...	

• **Vielleicht könnten Sie**	**Ausführungen**	**über ...**	**machen.**
noch (einige) weitere	**Bemerkungen**	**zu ...**	

• **Ich**	**hätte**	**gern**	**weitere**	**Informationen**	**darüber, wie ...**
	möchte		**mehr**		**über ...**
					zu ...

- **Ich möchte (Ihnen) (die) folgende Frage stellen: ...**

– ***Könnten Sie vielleicht*** *den Zeitplan für die Umsetzung des Projekts* ***konkretisieren****?*

– ***Ich möchte gern mehr über*** *die Annahmen* ***wissen****, die der Vorhersage zugrunde liegen.*

– ***Vielleicht könnten Sie noch einige weitere Ausführungen über*** *die Beiträge der Eltern zur Deckung der Kosten des fakultativen Unterrichts* ***machen.***

– ***Ich hätte gern mehr Informationen darüber, wie*** *Ihr Vorschlag (in die Praxis) umgesetzt werden kann.*

Mit den ersten drei Formulierungen wird um zusätzliche Informationen in sehr höflicher Form gebeten. Die letzten beiden Redewendungen sind im Ton direkter, ohne allerdings offensiv zu wirken.

4.3. Demander un supplément d'information

• **Pourriez-vous être (un peu) plus**	**explicite**	**à propos de . . . ?**
	précis	**au sujet de . . . ?**

• **J'aimerais**	**en savoir**	**davantage**	**sur . . .**
Je voudrais	**en apprendre**	**(un peu) plus**	**à propos de . . .**
Cela m'intéresserait d'			**au sujet de . . .**

• **Pourriez-vous**	**peut-être développer davantage votre remarque au sujet de . . . ?**
Voudriez-vous	

• **J'aimerais avoir plus de renseignements**	**sur . . .**
Pourriez-vous nous fournir plus d'information	**à propos de . . .**
	au sujet de . . .

- **J'aimerais (vous) poser la question suivante: . . .**

– ***Pourriez-vous être plus explicite au sujet du*** *calendrier d'exécution de ce projet?*

– ***J'aimerais en savoir davantage sur*** *les prémisses sous-tendant ces pronostics.*

– ***Pourriez-vous peut-être développer davantage votre remarque au sujet de la*** *participation des parents au coût des études facultatives?*

– ***J'aimerais avoir plus de renseignements sur*** *la manière dont votre propostion pourrait être mise en pratique.*

On notera la forme très polie des trois premières expressions et le style plus direct des dernières qui ne sont pas agressives pour autant.

4.4. Einen Punkt klar- oder richtig stellen

- **Was ich sagen wollte war: ...**
  Lassen Sie es mich anders formulieren: ...
  Was ich zu sagen versuche ist: ...

- **Lassen Sie uns | die Angelegenheit / das Problem | von einem anderen | Blickwinkel / Standpunkt | aus betrachten.**

- **Es gibt verschiedene Möglichkeiten, dieses Problem anzugehen: ...**

- **Ich sollte das (vielleicht) erklären: Wenn ich sage ... , so meine ich damit, dass ...**

– *Vielleicht habe ich mich nicht deutlich genug ausgedrückt.* ***Was ich zu sagen versuche ist:*** *Das Ergebnis der gegenwärtigen Lohnverhandlungsrunde beeinflusst entscheidend die Rentabilität der vorgeschlagenen Investition.*

– *Mir scheint, wir reden aneinander vorbei.* ***Es gibt verschiedene Möglichkeiten, dieses Problem anzugehen:*** *Ein viel versprechender Ansatz ist die Reduzierung der Verwaltungskosten.*

– ***Ich sollte das vielleicht erklären: Wenn ich sage*** *„alle Kosten",* ***so meine ich damit, dass*** *neben den direkten auch die gesellschaftlichen Kosten berücksichtigt werden.*

Die Redewendungen dieses Abschnitts dienen entweder dazu, einer Bitte um Abklärung nachzukommen (siehe Abschnitt 4.2. **Abklärung/Aufschluss suchen** oder ein Missverständnis aufzuklären, das Ihrer Meinung nach vorliegt. Ihre Absicht, ein Missverständnis aufklären zu wollen, lässt sich noch dadurch hervorheben, dass Sie den ersten drei Formulierungen kleine Einleitungsfloskeln wie

– *Ich fürchte, wir haben uns missverstanden.*
– *Vielleicht habe ich mich nicht deutlich (genug) ausgedrückt.*
– *Mir scheint, wir reden aneinander vorbei.*

voranstellen. Der erste und zweite Beispielsatz illustriert eine solche Variante.

Die Unterstellung, es läge ein Missverständnis vor, kann auch als taktisches Instrument dienen. Unter dem Deckmantel der Aufklärung eines Missverständnisses können Sie zusätzliche Argumente in die Diskussion einbringen oder bereits erwähnte Punkte in Tiefe und Breite ausbauen (siehe dazu auch Abschnitt 3.2. **Argumente vertiefen und erweitern**).

4.4. Clarifier un point

- **Je voulais dire que . . .**
En d'autres termes . . .
Ce que je voudrais faire remarquer, c'est . . .

- **Essayons** | **de l'envisager** / **d'envisager** | **la question** / **d'examiner** | **le problème** | **sous un autre angle: . . .**

- **La problématique peut être envisagée sous plusieurs angles : . . .**

- **Il me faut préciser que lorsque j'ai** | **parlé de** / **dit que** | **. . . , je voulais dire que . . .**

– *Peut-être me suis-je mal exprimé(e).* ***Ce que je voudrais faire remarquer, c'est*** *que le résultat des négociations salariales en cours a une influence cruciale sur la rentabilité des investissements proposés.*

– *Il me semble que nous ne tenons pas le même langage.* ***La problématique peut être envisagée sous plusieurs angles :*** *une des approches intéressantes pourraient reposer sur la réduction des coûts administratifs*

– ***Il me faut préciser que lorsque j'ai parlé de*** *tous les coûts,* ***je voulais dire que*** *cela incluait aussi bien les coûts sociaux que les coûts directs.*

Ces expressions s'utilisent pour répondre à une demande d'éclaircissements (voir section 4.2. **Demander des éclaircissements**) ou pour dissiper un malentendu. En ce cas, vous ferez précéder les deux premières expressions de:

– *Il me semble qu'il y a un léger malentendu.*
– *J'ai peur qu'il n'y ait un léger malentendu.*
– *Peut-être ne me suis-je pas assez clairement exprimé(e).*
– *Il me semble que nous ne tenons pas le même langage.*

Le premier exemple illustre ce cas.

Suggérer l'existence d'un maltentendu peut également être une tactique. Ainsi, sous prétexte de donner des éclaircissements, vous pouvez présenter un arguments supplémentaire ou développer des idées que vous avez déjà présentées (voir également section 3.2. **Développer un argument**). Cela permet de consolider votre position par une subtile interprétation de vos arguments.

4.5. Zusätzliche Informationen liefern

<table>
<tr><td rowspan="2">• Um</td><td>das</td><td>zu veranschaulichen,</td><td rowspan="2">lassen Sie mich</td><td>hinzufügen, dass . . .</td></tr>
<tr><td>diesen Sachverhalt</td><td>noch deutlicher zu machen,</td><td>. . . hinzufügen.</td></tr>
</table>

<table>
<tr><td rowspan="3">•</td><td rowspan="3">Lassen Sie mich
Ich will noch</td><td rowspan="2">ein Wort</td><td>über</td><td rowspan="2">. . .</td><td>sagen.</td></tr>
<tr><td>zu</td><td>hinzufügen.</td></tr>
<tr><td></td><td colspan="3">darüber sagen, wie . . .</td></tr>
</table>

<table>
<tr><td rowspan="2">• Vielleicht sollte ich</td><td>das noch deutlicher machen: . . .</td></tr>
<tr><td>noch mehr ins Detail gehen: . . .</td></tr>
</table>

<table>
<tr><td rowspan="3">• Ohne</td><td colspan="2">ins Detail</td><td rowspan="3">gehen zu wollen, lassen Sie mich vielleicht erwähnen, dass . . .</td></tr>
<tr><td rowspan="2">in alle</td><td>Details</td></tr>
<tr><td>Einzelheiten</td></tr>
</table>

<table>
<tr><td rowspan="2">• Sicherlich bringt es uns weiter, wenn ich</td><td>sage,</td><td rowspan="2">dass . . .</td></tr>
<tr><td>hinzufüge,</td></tr>
</table>

– ***Um diesen Sachverhalt noch deutlicher zu machen, lassen Sie mich*** *ein Wort über die Art der in diesem Quartal erhaltenen Kundenbeschwerden* ***hinzufügen.***

– ***Lassen Sie mich ein Wort darüber sagen, wie*** *dieser Vorschlag die Mitwirkung der Belegschaft stimulieren würde.*

– ***Vielleicht sollte ich das noch deutlicher machen:*** *Die Verkaufsprognose geht davon aus, dass die neue Produktlinie noch vor Weihnachten in die Läden kommt.*

– ***Ohne ins Detail gehen zu wollen, lassen Sie mich vielleicht erwähnen, dass*** *die Hauptbuchhaltung bereits entschieden hat, ein neues Softwaresystem einzuführen.*

– ***Sicherlich bringt es uns weiter, wenn ich sage, dass*** *ich kein finanzielles Interesse an diesem Vorschlag habe.*

4.5. Fournir un supplément d'information

- **Pour mieux concrétiser | la situation, / le problème, | j'ajouterai ... / permettez-moi d'ajouter ...**

- **Avec votre permission j'ajouterai un mot sur ...**

- **Peut-être devrais-je | être plus précis(e), ... / entrer plus dans le détail, ...**

- **Sans trop entrer dans le détail, laissez-moi | ajouter que ... / encore vous dire que ...**

- **Je pense qu'il serait utile | d'ajouter ... / de souligner ...**

– ***Pour mieux concrétiser la situation, j'ajouterai*** *un mot sur le type de réclamation de consommateurs que nous avons reçu ce trimestre.*

– ***Avec votre permission j'ajouterai un mot sur*** *la façon dont cette proposition encouragerait la participation des travailleurs.*

– ***Peut-être devrais-je être plus précis(e),*** *les prévision de vente sont basées sur le fait que la nouvelle gamme de produits sera en magasin avant Noël.*

– ***Sans trop entrer dans le détail, laissez-moi ajouter que*** *la comptabilité vient de décider d'introduire un nouveau logiciel.*

– ***Je pense qu'il serait utile de souligner*** *que je n'ai aucun intérêt financier à cette proposition.*

4.6. Auf etwas zurückkommen

• Wir scheinen	vom Punkt		abzuweichen.
	von unserem	Anliegen Mandat	

• Wenn ich (kurz) noch einmal auf das, was ich	über ... zu ...	schon sagte, zurückkommen	darf. kann.

- Ich möchte nicht nochmals ausführlich darauf eingehen, doch ...

• Wie ich (vorher) schon (einmal)	sagte, erwähnte,	...

• Vielleicht können wir	nochmals noch einmal	auf ...	zurückkommen. eingehen. zu sprechen kommen.

– ***Ich möchte nicht nochmals ausführlich darauf eingehen, doch*** *bedingt ein effektives Programm zur Stimulierung der Frauenbeschäftigung die Bereitstellung angemessener Kinderbetreuungseinrichtungen.*

– ***Wie ich vorher schon einmal erwähnte,*** *läuft die Option für den Erwerb des Grundstücks am Ende dieses Quartals ab.*

– ***Vielleicht können wir nochmals auf*** *die Frage des Versicherungsschutzes* ***eingehen.***

4.6. Revenir sur un point

- **(Apparemment) nous**
  - **nous écartons**
    - **du sujet.**
    - **de notre objectif.**
  - **dépassons le cadre de notre mission.**

- **Avec votre permission j'en reviens (brièvement) à ce que je disais au sujet de . . .**

- **Je ne veux pas (trop) insister sur ce point, mais . . .**

Comme **Ainsi que**	**je l'ai**	**dit** **mentionné**	**auparavant, . . .**

- **Nous pourrions peut-être revenir à . . .**

– ***Je ne veux pas insister sur ce point, mais*** *un programme efficace pour encourager l'emploi des femmes exige la mise en place de crèches et de garderies.*

– ***Ainsi que je l'ai mentionné auparavant,*** *l'option d'achat sur cette propriété expire à la fin de ce trimestre.*

– ***Nous pourrions peut-être revenir à*** *la question de la couverture du risque.*

4.7. Neue Gesichtspunkte einführen

• **Lassen Sie mich noch (kurz)**	**auf die Frage ... eingehen.** **das Problem ... ansprechen.**

• **An dieser Stelle möchte ich gern**	**... aufgreifen.** **auf ... zu sprechen kommen.**

• **Es gibt noch**	**einige** **(zwei) weitere**	**Dinge,** **Fragen,**	**die** **(hier)**	**erörtert** **berücksichtigt**	**werden müssen.**

• **Ein anderer**	**Gedanke,** **Einfall,**	**der mir kommt,** **den ich habe,**	**ist ...**

• **Mir ist jetzt klargeworden, dass ich**	**einige Bemerkungen zu ... hätte machen sollen.** **... hätte erwähnen müssen.** **einige Worte zu ... hätte sagen sollen.**

– ***Lassen Sie mich noch auf die Frage*** *der Zuverlässigkeit der Schätzungen* ***eingehen.***

– ***Mir ist jetzt klargeworden, dass ich einige Worte zur*** *Verfügbarkeit von Facharbeitern am neuen Standort* ***hätte sagen sollen.***

Dieser Abschnitt bildet den Abschluss der Informationsphase im Rahmen einer Diskussion und leitet unmittelbar zum Meinungsaustausch (Kapitel V) über. Um sich ein abschließendes Urteil über die verschiedenen Standpunkte bilden zu können, mag es für Sie nützlich sein, den einen oder anderen bisher noch nicht angesprochenen Gesichtspunkt in die Diskussion einzuführen.

4.7. Présenter de nouveaux éléments

• **J'aimerais maintenant aborder (briévement)**	**la question** **le problème**	**de . . .**	

• **A ce stade**	**j'aimerais** **je voudrais** **il faut**	**soulever la question de . . .**

• **On doit encore considérer**	**deux autres** **plusieurs autre**	**problèmes.** **questions.**

• **Il me vient une autre idée . . .**

• **Je me rend compte maintenant que j'aurais dû**	**parler de . . .** **mentionner . . .** **dire quelques mots sur . . .**

– ***J'aimerais maintenant aborder la question de*** *l'exactitude des évaluations.*

– ***Je me rend compte maintenant que j'aurais dû dire quelques mots sur*** *la main-d'œuvre qualifiée disponible sur le nouveau site.*

Avec cette section s'achève la phase d'information proprement dite. Elle mène directement à l'échange de points de vue (Chapitre V). Avant de récapituler, il peut vous paraître opportun de considérer la question sous un autre angle. A ce stade vous pouvez penser que des idées supplémentaires pourraient étre mises sur la table.

Kapitel V

Der Dialog – Meinungsäußerung

Eine Diskussion ist unmöglich mit jemandem, der vorgibt, nach der Wahrheit zu suchen, aber glaubt, sie schon zu besitzen.

Romain Rolland

Nachdem alle Diskussionsteilnehmer ihre Standpunkte dargelegt haben und die Gelegenheit zu Ergänzungs- und Abklärungsfragen hatten, ist es nun an der Zeit, Position zu beziehen. Sie sprechen sich für oder gegen bestimmte Auffassungen aus oder versuchen, Unterstützung für Ihren eigenen Standpunkt zu erhalten.

Es liegt auf der Hand, dass es sich hier um eine entscheidende Phase im Diskussionsverlauf handelt. Zwar wird es im Allgemeinen Ihr Wunsch sein, sich möglichst klar für oder gegen bestimmte Positionen auszusprechen, doch ist es nur selten ratsam, alle Türen für eine Kompromisslösung zuzuschlagen.

Die folgende Diskussionsphase bietet Ihnen eine weitere Gelegenheit, Ihre Argumente darzulegen. Ihre diesbezüglichen Ausführungen müssen sich allerdings an den bisherigen Vorbehalten und Einwänden der anderen Diskussionsteilnehmer ausrichten. Vergessen Sie nicht: Ihre Argumente werden durch simples Wiederholen nicht besser. Ein erfolgreicher Verhandlungsteilnehmer beeindruckt seine Partner immer dann, wenn er aufmerksam die Gegenargumente verfolgt und diese bei seiner Antwort gebührend berücksichtigt.

Chapitre V

Le dialogue – exprimer une opinion

La discussion est impossible avec qui prétend chercher la vérité tout en pensant déjà la connaître.

Romain Rolland

Après avoir écouté avec attention les arguments et propositions des autres participants et demandé ou fourni des éclaircissements sur certains points, on passe au stade du soutien ou de l'opposition aux propositions présentées. C'est aussi le moment où l'on tente de rallier les autres à son propre point de vue.

Etape délicate de la négociation, car tout en manifestant un soutien ou une opposition vigoureuse vous ne souhaiterez pas, sauf cas exceptionnel, fermer la porte à un compromis. Vous recourrez à une tactique faisant appel à une prise de position claire, modérée par le souci d'éviter tout blocage de la discussion, ou toute opposition de votre auditoire qui serait alors difficile de convaincre.

Cette étape vous offre une occasion supplémentaire de présenter vos arguments, mais cette fois en tenant soigneusement compte des préoccupations des autres orateurs. Il peut être utile d'expliquer à nouveau un point de vue, mais il faut se garder de le surcharger d'arguments secondaires ou de donner à vos auditeurs l'impression de n'avoir rien entendu et de vous contenter de l'ennuyeuse répétition de l'opinion que vous avez déjà exprimée. Un habile négociateur flattera ses auditeurs en leur donnant l'impression de les avoir écoutés et d'être sensible à leurs préoccupations.

5.1. Zustimmung äußern

(a) Vorbehaltlose Zustimmung

- **Ich stimme** | **Ihnen / …** | **völlig / gänzlich / ganz und gar** | **zu, dass … / zu.**
  | **mit Ihnen** | **völlig / ganz und gar** | **(darin) / (dahingehend)** | **überein, dass...**

- **Ich bin hundertprozentig Ihrer Meinung.**

- **Ich bin ganz Ihrer** | **Meinung. / Auffassung.** | **(,dass …)**

- **Ich akzeptiere** | **die Idee / den Vorschlag** | **ohne Einwand. / vorbehaltlos.**

- **Diese Idee verdient unsere** | **Zustimmung. / Unterstützung. / Rückendeckung.**

- **Ich denke, ich kann** | **mich … anschließen. / … beipflichten.**

– ***Ich stimme*** *Ihrem Vorschlag, die Ordnungsstrafen für das Fahren unter Alkoholeinfluss zu erhöhen,* ***völlig zu****.*

– ***Ich bin ganz Ihrer Meinung, dass*** *die Verwendung von chemischen Schädlingsbekämpfungsmitteln im Haushalt verboten werden muss.*

– ***Ich denke, ich kann mich*** *dem Antrag, die Diskussion zu Tagesordnungspunkt 3 zu beenden,* ***anschließen****.*

Die Abschnitte 5.1. (a) und (b) sowie 5.2. (a) und (b) bilden einen inhaltlichen Block, der von vorbehaltloser Zustimmung bis zu energischer Zurückweisung reicht. Die Redewendungen sind so abgestuft, dass sich die letzte Formulierung eines Abschnitts nahtlos an die erste Formulierung des Folgeabschnitts anfügt.

Die Formulierungen dieses Abschnitts wurden nach abnehmendem Grad vorbehaltloser Zustimmung geordnet. Sie gehen stufenlos in **bedingte Zustimmung** (siehe Abschnitt 5.1.[b]) über.

5.1. Exprimer son soutien / accord

(a) Sans réserve

- **Je suis** | **entièrement / totalement / complètement / tout à fait** | **d'accord avec ... / favorable à ...**

- **Je** | **suis entièrement de votre avis. / me rallie entièrement à votre point de vue.**

- **Je suis tout à fait d'accord** | **de ... / avec ...**

- **J'accepte sans réserve cette** | **idée. / proposition. / suggestion.**

- **Cette idée mérite notre** | **adhésion. / soutien. / appui.**

- **Je** | **m'associerais volontiers / pourrais m'associer** | **à ...**

– ***Je suis complètement d'accord avec*** *la suggestion d'augmenter les sanctions s'appliquant à la conduite en état d'ivresse.*

– ***Je suis tout à fait d'accord d****'interdire l'usage domestique des insecticides chimiques.*

– ***Je m'associerais volontiers à*** *la proposition de clore le débat portant sur le troisième point.*

Les sections 5.1.(a) / (b) et 5.2.(a) / (b) sont présentées comme un ensemble allant du soutien sans réserve à une opposition ferme. La dernière expression de la première section rejoint sans transition les premières expressions de la section suivante.

Les expressions ci-dessus sont classées par ordre décroissant jusqu'à l'accord avec réserves (voir section 5.1.b).

(b) Bedingte Zustimmung

• **Ich bin geneigt,**	**Ihrer Idee** **Ihrem Vorschlag**	**zuzustimmen.**

•	**Im Prinzip** **Grundsätzlich**	**stimme ich**	**Ihnen** **dem**	**zu,**	**(je)doch** **aber** **nur**	**...**

• **Im Großen und Ganzen teile ich**	**Ihre Auffassung,** **Ihren Standpunkt,**	**(je)doch** **aber**	**...**

• **Mit**	**einigen** **gewissen**	**Vorbehalten** **Einschränkungen**	**könnte** **kann**	**ich ... unterstützen.**

- **Bis zu einem gewissen Punkt stimme ich Ihnen zu, (je)doch ...**

• **Es könnte sein, dass Sie**	**damit** **diesbezüglich**	**Recht haben, aber ...**

– ***Grundsätzlich stimme ich dem zu, nur*** *bin ich mir nicht sicher, ob wir schon alle Folgen berücksichtigt haben.*

– ***Im Großen und Ganzen teile ich Ihren Standpunkt, jedoch*** *glaube ich, dass Sie die Schwierigkeiten beim Finden qualifizierten Personals wahrscheinlich unterschätzt haben.*

– ***Mit gewissen Einschränkungen könnte ich*** *Ihre Idee zur Durchführung einer Arbeitstaktstudie in der Druckerei* ***unterstützen****.*

– ***Bis zu einem gewissen Punkt stimme ich Ihnen zu, jedoch*** *bezweifle ich, ob das Projekt innerhalb des vorgesehenen Zeitplans realisiert werden kann.*

– ***Es könnte sein, dass Sie damit Recht haben, aber*** *es gibt noch weitere Faktoren, die berücksichtigt werden müssen.*

Bedingte Zustimmung unterscheidet sich von vorsichtiger Ablehnung (nächster Abschnitt) dadurch, dass die Art der Einwände keine grundsätzliche Einigung zwischen den Diskussions- bzw. Verhandlungspartnern ausschließt. Die meisten Formulierungen dieses Abschnitts verlangen allerdings eine Präzisierung der Einwände.

Die Redewendungen oben sind nach abnehmendem Grad der Zustimmung geordnet; die letzte Formulierung kommt schon fast vorsichtiger Ablehnung gleich (siehe Abschnitt 5.2.[a]).

5.1. Exprimer son soutien / accord

(b) Avec réserves

- **Je**

Je	**suis (plutôt) d'accord avec** **souscris à**	**votre**	**idée.** **suggestion.** **proposition.**

- **En principe je suis d'accord,**

En principe je suis d'accord,	**mais . . .** **cependant . . .**

- **Dans l'ensemble j'accepte**

Dans l'ensemble j'accepte	**votre** **cette**	**idée,** **remarque,**	**mais . . .**

- **C'est avec certaines réserves que je soutiendrais votre . . .**
  Je soutiens votre . . . avec certaines réserves.

- **Jusqu'à un certain point je suis d'accord avec vous, mais . . .**

- **Vous avez probablement raison (de dire cela), mais . . .**

– ***En principe je suis d'accord, mais*** *je ne suis pas sûr(e) que nous ayons envisagé toutes les conséquences.*

– ***Dans l'ensemble j'accepte votre remarque, mais*** *(je crois que) vous avez peut-être sous estimé la difficulté de trouver du personnel qualifié.*

– ***C'est avec certaines réserves que je soutiendrais votre*** *idée d'une étude des cadences dans l'imprimerie.*

– ***Jusqu'à un certain point je suis d'accord avec vous, mais*** *je doute que l'on puisse réaliser ce projet dans le délai envisagé.*

– ***Vous avez probablement raison de dire cela, mais*** *d'autres facteurs doivent être pris en considération.*

L'assentiment avec réserves offre une différence subtile avec l'opposition nuancée (section suivante) en ce qu'il sous-entend qu'un accord définitif n'est pas exclu.

Les expressions ci-dessus ont été classées par ordre décroissant allant de l'accord avec réserves à l'opposition nuancée – voir section 5.2.(a).

5.2. Ablehnung zum Ausdruck bringen

(a) Vorsichtige Ablehnung

- **Ich kann Ihnen nicht ganz zustimmen. (, dass) . . .**
- **Ich teile nicht ganz Ihre** | **Meinung.** / **Auffassung.** | **(, dass) . . .**
- **Ich würde** | **(eigentlich) nicht** / **kaum** | **so weit gehen (wollen)** | **und sagen, dass . . .** / **zu sagen, dass . . .**
- **Ich bin von Ihrem Argument nicht ganz überzeugt.**
- **Hier bin ich anderer Ansicht.**
- **In dieser Beziehung denke ich anders.**
Wenn Sie sagen, dass . . . , gehen unsere Meinungen auseinander.

– ***Ich kann Ihnen nicht ganz zustimmen, dass*** *das Rauchen als kriminelle Handlung eingestuft werden sollte.*

– ***Ich würde micht so weit gehen und sagen, dass*** *jeder, der eine Schusswaffe im Hause hat, ein auf sein Opfer wartender Mörder ist.*

– ***Wenn Sie sagen, dass*** *sämtliche Kernkraftwerke stufenweise außer Betrieb gesetzt werden müssen,* ***gehen unsere Meinungen auseinander****.*

Die Redewendungen sind nach zunehmender Kontrastellung aufgelistet. Ihr Höflichkeitsgrad nimmt dementsprechend ab.

Im Allgemeinen sollten Sie negative Aussagen mit Höflichkeitsfloskeln einleiten, die einen gewissen Grad des Bedauerns ausdrücken. Dazu zählen Floskeln wie *Ich fürchte* und *Es tut mir Leid.*

5.2. Marquer son opposition / désaccord

(a) Opposition nuancée

- **Il me semble difficile d'être complètement d'accord avec vous (sur) ...**
- **Je ne partage pas tout à fait votre point de vue (sur) ...**
- **Je n'irais pas jusqu'à dire ...**
- **Je ne suis pas totalement | convaincu(e) / persuadé(e) | par votre argument.**
- **Permettez-moi de ne pas être de cet avis.**
- **Apparemment nos opinions divergent sur ce point.**
Je ne suis pas d'accord avec vous quand vous dites que ...

- ***Il me semble difficile d'être complètement d'accord avec vous*** *quand vous dites que fumer devrait être considéré comme un délit.*
- ***Je n'irais pas jusqu'à dire*** *que quiconque possède un fusil est un meurtrier en puissance.*
- ***Je ne suis pas d'accord avec vous quand vous dites que*** *l'on devra peu à peu interdire le fonctionnement de toutes les centrales nucléaires.*

Ces expressions sont classées par ordre croissant d'opposition.

Il est préférable de les faire précéder de formules de regret telles que: *Je crains que ... , Je regrette, mais ... , Excusez-moi, mais ...* ou *Pardonnez-moi, mais ...*

(b) Energische Zurückweisung

- **(Ich denke,) / (Ich meine,) es wäre (sicherlich) ein Fehler, ...**

- **Nichts von dem, was ich bisher gehört habe, hat mich davon überzeugt , dass ...**

- **Es tut mir Leid, aber ich**
  - **bin völlig anderer Meinung.**
  - **muss (Ihnen) widersprechen.**
  - **lehne das ab.**

- **Wir haben keine andere Wahl, als diese Idee**
  - **rundweg abzulehnen.**
  - **zurückzuweisen.**

- **Ich kann unter keinen Umständen ... zustimmen.**

- **Ich lehne**
  - **diese Vorstellung / diese Idee / diesen Vorschlag**
  - **gänzlich / ganz und gar / rundweg**
  - **ab.**

– ***Ich denke, es wäre ein Fehler****, so überhastet zu handeln.*

– ***Nichts von dem, was ich bisher gehört habe, hat mich davon überzeugt, dass*** *wir unsere Verkaufsmethoden ändern müssen.*

– ***Ich kann unter keinen Umständen*** *einer Preiserhöhung in der (Studenten-) Mensa* ***zustimmen.***

Die Formulierungen dieses Abschnitts sind nach zunehmendem Grad der Zurückweisung geordnet.

5.2. Marquer son opposition / désaccord

(b) Opposition ferme

- **Je pense que ce serait une erreur de . . .**
- **Rien de ce que j'ai entendu jusqu'ici ne m'a persuadé(e) / convaincu(e) de . . . / que . . .**
- **Désolé(e), / Pardonnez-moi, mais je**
ne suis pas du tout de cet avis.
dois vous contredire.
ne suis pas d'accord.
- **Nous ne pouvons que rejeter catégoriquement cette idée.**
- **Je ne peux en aucun cas**
accepter de . . .
être d'accord avec . . .
- **Je suis**
résolument
entièrement
fondamentalement
contre / opposé(e) à
cette idée. / proposition.

– ***Je pense que ce serait une erreur d'****agir avec une telle précipitation.*

– ***Rien de ce que j'ai entendu jusqu'ici ne m'a convaincu(e) de*** *la nécessité de changer nos méthodes de vente.*

Je ne peux en aucun cas être d'accord avec *l'augmentation des prix à la cafétéria des étudiants.*

Ces expressions sont rangées par ordre croissant d'opposition.

5.3. Einwände machen

•	Es lässt sich leicht Natürlich kann man	sagen, dass …,	dennoch … jedoch … nur …

•	Ich werde das Gefühl nicht los,	dass … als ob …

•	Der Vorschlag, Die Idee,	dass …, hat	verschiedene gewisse einige	Unzulänglichkeiten. Schwachstellen. Mängel.

•	Es ist	fragwürdig, umstritten, zweifelhaft,	ob … (tatsächlich) …

•	Ich	bin (immer) noch nicht sicher, habe (nach wie vor) gewisse Zweifel,	dass … ob …

•	Ich	habe Bedenken, bin skeptisch wage zu bezweifeln,	ob	die Idee … der Vorschlag … die Vorstellung …

– ***Natürlich kann man sagen, dass*** *gesetzliche Regelungen, die eine Diskriminierung ausschließen sollen, schon seit Jahren bestehen. Das Durchschnittseinkommen der Frauen liegt* ***jedoch*** *nach wie vor weit unter dem ihrer männlichen Kollegen.*

– ***Ich werde das Gefühl nicht los, dass*** *wir den Risiken zu wenig Gewicht beimessen.*

– ***Es ist umstritten, ob*** *die Geburtenrate* ***tatsächlich*** *von Kinderbeihilfen beeinflusst wird.*

– ***Ich habe nach wie vor gewisse Zweifel, ob*** *die Einführung von Eintrittsgebühren für Museen zum gegenwärtigen Zeitpunkt klug ist.*

– ***Ich bin skeptisch, ob die Idee*** *eines erweiterten Lehrplans den Bedürfnissen einer zunehmend technologisierten Gesellschaft entspricht.*

Dieser Abschnitt hat gewisse Ähnlichkeit mit Abschnitt 5.2.(a) **Ablehnung zum Ausdruck bringen – Vorsichtige Ablehnung.**

Der Gebrauch der in der fünften Redewendung auftauchenden Klammerausdrücke (*immer/ nach wie vor*) zeigt an, dass Sie bestimmte Argumente bereits abgelehnt hatten und auch deren erneute Rechtfertigung für nicht überzeugend halten.

5.3. Emettre des doutes

- **C'est bien beau de dire que . . . , / Bien sûr, on peut dire que . . . , | mais . . .**
- **Je ne peux m'empêcher de penser que . . .**
- **La proposition / L'idée / La suggestion | (de . . .) présente quelques | insuffisances. / lacunes. / défauts.**
- **La question se pose de . . . / On peut | se demander si . . . / douter que . . .**
- **Je ne suis (toujours) pas sûr(e) | que . . . / de . . .**
  J'ai (encore) des doutes | sur . . . / à propos de . . .
- **Je | suis sceptique à | l'idée / la notion | de . . . / que . . .**
  Je | doute que / ne suis pas convaincu que . . .

– ***C'est bien beau de dire qu'****une législation anti-discriminatoire est en place depuis de nombreuses années,* ***mais*** *le revenu moyen des femmes est encore très loin d'égaler celui des hommes.*

– ***Je ne peux m'empêcher de penser que*** *nous n'accordons pas assez d'importance aux risques que cela implique.*

– ***On peut se demander si*** *les allocations familiales influent sur le taux de natalité.*

– ***Je ne suis pas sûr(e) qu'****il soit opportun de demander maintenant un droit d'entrée dans les musées.*

– ***Je ne suis pas convaincu qu'****un programme scolaire élargi répondra aux besoins d'une société où la technologie occupe une place de plus en plus importante.*

Cette section est en étroite relation avec la section 5.2.(a) **Marquer son opposition/ désaccord (opposition nuancée).**

L'emploi de *toujours* ou *encore*, entre parenthèse dans la cinquième expression, indique que vous acceptez les arguments de vos partenaires sans pour autant qu'ils vous convainquent .

5.4. Auf Einwände reagieren

<table>
<tr><td>• Ich denke, es ist kein stichhaltiges Argument</td><td>zu sagen,
,wenn man sagt,</td><td>dass ...</td></tr>
</table>

<table>
<tr><td>• Ich glaube, es geht zu weit, wenn</td><td>man sagt,
gesagt wird,</td><td>dass . . .</td></tr>
</table>

• **Trotz . . . halte ich daran fest, dass . . .**

<table>
<tr><td rowspan="3">• Die</td><td>(vorgebrachten) Einwände</td><td rowspan="2">tragen nicht der Tatsache Rechnung, dass ...
lassen ... unberücksichtigt.</td></tr>
<tr><td>(gemachten) kritischen Bemerkungen</td></tr>
<tr><td colspan="2">(vorgebrachte) Kritik lässt . . . unberücksichtigt</td></tr>
</table>

<table>
<tr><td>• Ich bin froh, dass Sie diesen Punkt ansprechen.
Ihr Einwand ist (aus Ihrer Sicht) (völlig) berechtigt.</td><td>Dennoch . . .
Allerdings . . .</td></tr>
</table>

- ***Ich denke, es ist kein stichhaltiges Argument zu sagen, dass*** *die Eliminierung der durch Autoabgase hervorgerufenen Umweltbelastung das Waldsterben stoppen wird.*
- ***Ich glaube, es geht zu weit, wenn gesagt wird, dass*** *die alten Gestaltungsmuster der springende Punkt unseres Problems sind.*
- ***Trotz*** *des jüngsten Preisanstiegs* ***halte ich daran fest, dass*** *eine weitere Preiserhöhung notwendig ist.*
- ***Die vorgebrachten Einwände lassen*** *die neuen Absatzchancen auf den Märkten Osteuropas* ***unberücksichtigt.***
- ***Ihr Einwand ist berechtigt. Dennoch*** *halte ich diesen Punkt im Hinblick auf unsere Zielsetzung für unbedeutend.*

Die Wahl der sprachlichen Mittel zur Reaktion auf Einwände hängt im Allgemeinen von der Art und Schärfe der gemachten kritischen Bemerkungen ab. Auch Ihr Verhandlungsziel spielt eine wesentliche Rolle. Die Wahl der Gegenargumente stellt die Weichen, ob sich der Dialog fortsetzen lässt oder ob Sie dessen Abbruch riskieren.

Die erste Redewendung ist sehr direkt, fast aggressiv im Ton.

Die letzte Formulierung ist ein taktischer Schachzug. Einerseits unterstreichen Sie damit die Berechtigung des Einwandes Ihres Gesprächspartners und schlagen einen versöhnlichen Ton an. Andererseits spielen Sie die Bedeutung des Gegenarguments herunter.

5.4. Répondre à des objections

- **Je ne pense pas que ce soit un argument valable de dire que ...**

- **Il me semble que ce serait aller trop loin de dire que ...**

- **Malgré cela, / En dépit de ... , | je | maintiens / pense | néanmoins que ...**

- **Les | objections (présentées) / critiques (apportées) | ne tiennent pas compte de ...**

- **Je suis heureux(se) de vous voir soulever ce point, | mais ... / toutefois ...**

– ***Je ne pense pas que ce soit un argument valable de dire qu'****éliminer la pollution automobile arrêtera la mort des arbres.*

– ***Il me semble que ce serait aller trop loin de dire que*** *la présentation démodée de nos produits est au centre du problème.*

– ***En dépit de*** *la récente augmentation des prix,* ***je maintiens néanmoins qu'****une nouvelle augmentation est nécessaire.*

– ***Les objections ne tiennent pas compte des*** *nouveaux marchés qu'on trouvera en Europe de l'Est.*

– ***Je suis heureux(se) de vous voir soulever ce point, mais*** *je le crois mineur en regard de l'objectif visé.*

La nature de l'argument adverse influencera bien entendu la façon dont vous choisirez de répliquer. Votre objectif final est également important: soit vous voulez maintenir le dialogue, soit vous prenez le risque de la rupture du dialogue.

La première expression est très directe.

On remarquera le caractère tactique de la dernière expression qui accueille d'abord favorablement une critique (et par conséquent se présente sur un ton conciliant) pour ensuite en minimiser l'importance.

5.5. Einer Sache Nachdruck verleihen

- **Dieses Problem kann nicht (so) einfach** | **abgetan**
ignoriert | **werden.**
- **Ich bin davon überzeugt, dass ...**
- **Die mir** | **vorliegenden**
zur Verfügung stehenden | **Informationen** | **belegen**
zeigen | **eindeutig, dass ...**
- **Lassen Sie mich nochmals** | **sagen,**
betonen,
wiederholen, | **welche Bedeutung ich ... beimesse.**
- | **Wir sollten ...**
... sollten wir | **nicht** | **unbeachtet lassen.**
aus den Augen verlieren.
vernachlässigen.
- | **Lassen Sie uns auf die wesentlichen Fragen konzentrieren: (Das sind) ...**
Welches sind (nun aber) die wesentlichen Fragen?

- ***Ich bin davon überzeugt, dass*** *Prämien an sich nicht die Lösung für die Verbesserung des Qualitätsniveaus sind.*
- ***Die mir zur Verfügung stehenden Informationen belegen eindeutig, dass*** *zwischen Alkoholmissbrauch und Verkehrsunfällen ein enger Zusammenhang besteht.*
- ***Lassen Sie mich nochmals betonen, welche Bedeutung ich*** *nicht operativen Diagnosemethoden* ***beimesse.***
- *Unser eigentliches Ziel, das Niveau der Schulabgänger zu erhöhen,* ***sollten wir nicht aus den Augen verlieren.***

Die Formulierungen oben können durch einige der in Abschnitt 3.4. **Bestimmte Punkte hervorheben** aufgeführten Redewendungen ergänzt werden.

5.5. Souligner un point

- **On ne peut** | **passer sous silence / écarter / ne pas traiter** | **ce problème. / cette question.**

- **Je suis convaincu(e)** | **que ... / de ...**

- **L'information disponible montre clairement ...**

- **Permettez-moi de** | **réitérer / rappeler** | **l'importance que j'attache à ...**

- **Il est** | **essentiel / important** | **de ne pas** | **négliger ... / perdre de vue ...**
  de garder en mémoire ...

- **Concentrons-nous sur les points importants: (ce sont) ...**
  Quels sont les points fondamentaux? ...

– ***Je suis convaincu(e) qu'*** *en elles-mêmes les primes ne sont pas la solution pour améliorer la qualité.*

– ***L'information disponible montre clairement*** *une forte corrélation entre l'abus d'alcool et les accidents de la route.*

– ***Permettez-moi de rappeler l'importance que j'attache*** *aux méthodes de diagnostic non opératoires.*

– ***Il est essentiel de ne pas perdre de vue*** *notre objectif véritable, c'est-à-dire l'élévation du niveau scolaire.*

Ces expressions peuvent être complétées par celles de la section 3.4. **Insister sur certains points**.

5.6. Jemanden unterbrechen

Es tut mir	(schrecklich) (furchtbar)	Leid, wenn ich Sie unterbreche, doch ...

Entschuldigen Sie (vielmals), wenn ich Ihnen ins Wort falle, Ich unterbreche Sie nur ungern,	aber ... doch ...

- Ich möchte Sie nicht unterbrechen, doch ...

Wenn ich (kurz) ein Wort	über ... zu ...	sagen darf.

Könnte Dürfte	ich an dieser Stelle (vielleicht) etwas sagen?

Bevor Sie fortfahren, lassen Sie mich	darauf hinweisen, bemerken, erklären,	dass ...

– ***Es tut mir furchtbar Leid, wenn ich Sie unterbreche, doch*** *ich bin am Überlegen, ob wir nicht auch die Rolle, die Frauen in dieser Angelegenheit spielen sollen, berücksichtigen müssten.*

– ***Entschuldigen Sie, wenn ich Ihnen ins Wort falle, doch*** *Sie müssen meinen Vorschlag missverstanden haben.*

– ***Wenn ich kurz ein Wort zu*** *den dem Modell zugrunde liegenden Annahmen* ***sagen darf.***

– ***Bevor Sie fortfahren, lassen Sie mich darauf hinweisen, dass*** *die von Ihnen angesprochene Problematik im nächsten Tagesordnungspunkt behandelt wird.*

Alle Redewendungen dieses Abschnitts sind sehr höflich. Der zuvorkommende Ton ändert jedoch nichts an der effektiven Wirkung des Unterbrechungsversuchs.

5.6. Interrompre quelqu'un

- **Je suis (vraiment) désolé(e) de vous interrompre, mais ...**

- **Pardonnez-moi / Excusez-moi de vous interrompre, mais ...**

- **Je ne voudrais pas vous interrompre, mais ...**

- **Me permettez-vous de / Pourrais-je dire juste un mot de ... ? / sur ... ?**

- **(Si vous le permettez) pourrais-je intervenir maintenant? / sur ce point?**

- **Avant que vous n'alliez plus loin, puis-je faire remarquer / expliquer que ... ?**

– ***Je suis vraiment désolé(e) de vous interrompre, mais*** *je me demande si nous ne pourrions pas considérer aussi le rôle que les femmes devraient jouer dans cette affaire.*

– ***Pardonnez-moi de vous interrompre, mais*** *vous avez dû mal comprendre ma proposition.*

– ***Me permettez-vous de dire juste un mot sur*** *les hypothèses sous-jacentes au modèle?*

– ***Avant que vous n'alliez plus loin, puis-je faire remarquer que*** *la question que vous soulevez sera traitée au point suivant de l'ordre du jour.*

On notera, sauf pour la dernière, le ton courtois de ces expressions. Des phrases courtoises peuvent être tout aussi efficaces que des formules cassantes.

5.7. Auf Zwischenrufe / Zwischenfragen reagieren

- **Könnten wir** | **auf Ihren Punkt etwas später zurückkommen?**
diesen Punkt (vorerst) zurückstellen?

- **Wenn Sie sich einen** | **Moment**
Augenblick | **gedulden (würden), ich werde auf diesen Punkt etwas später eingehen.**

- **Ich danke für Ihren Hinweis, ich wäre ohnehin (gleich) darauf zu sprechen gekommen.**

- | **Wenn Sie gestatten,**
Bei allem Respekt, | **dürfte ich meinen Punkt erst zu Ende bringen?**
darf ich erst ausreden?

- | **Würden Sie mich** | **fortfahren**
erst ausreden | **lassen?**
Darf ich (vielleicht) erst (einmal) . . . zu Ende bringen?

– ***Wenn Sie gestatten, dürfte ich meinen Punkt erst zu Ende bringen?***

– ***Darf ich vielleicht erst einmal*** *meinen Gedanken* ***zu Ende bringen?***

Die letzte Redewendung ist sehr direkt und sollte nur gebraucht werden, wenn Zwischenfragen oder andere Einwürfe unüblich sind.

Die Formulierungen dieses Abschnitts gehören in zwei Kategorien:
Die erste signalisiert Ihre Bereitschaft, den Zwischenruf bzw. die Zwischenfrage später aufzugreifen. Mit der zweiten Kategorie unterstreichen Sie Ihre Absicht, mit Ihren Ausführungen fortfahren zu wollen.

5.7. Comment réagir à une interruption

- **Peut-être pourrions-nous revenir plus tard sur votre remarque?**

- <table><tr><td>Je vous demande encore
un peu de patience,</td><td>je traiterai
j'aborderai</td><td>ce point un peu
plus tard.</td></tr></table>

- **Je note votre remarque, j'y reviendrai dans un instant.**

- <table><tr><td>J'aimerais,
Je voudrais,</td><td>si vous le permettez,
avec votre permission,</td><td>achever</td><td>mon raisonnement.
ma remarque.
de traiter ce point.</td></tr></table>

- <table><tr><td>Si vous me laissiez
Puis-je</td><td>continuer?
finir . . . ?
exprimer ma pensée jusqu'au bout?</td></tr></table>

– ***J'aimerais, si vous le permettez, achever de traiter ce point.***

– ***Puis-je exprimer ma pensée jusqu'au bout?***

La dernière expression est très directe, voire même cassante. Les autres sont plus courtoises.

On peut ranger les expressions ci-dessus en deux catégories: la première catégorie dénote l'intention de revenir plus tard à la question soulevée, la seconde n'exprime que la volonté d'achever votre exposé.

Kapitel VI

Auf ein Ergebnis hinarbeiten

Alles Regieren – in der Tat jede menschliche Errungenschaft und jeder Genuss, jede Tugend und jeder vernünftige Schritt – basiert auf Kompromiss und Verhandlungsgeschick.

Edmund Burke

Dies ist die Phase, in der das Verhandlungsgeschick eine ausschlaggebende Rolle spielt. Ein Rat sei dennoch gegeben: Alle Beteiligten werden umso eher bereit sein, sich zu einigen, je mehr sie den Eindruck haben, dass für sie etwas Positives herauskommt.

Ein Ergebnis zu erzwingen, steht jedem Diskussionsteilnehmer frei, dennoch sollten Sie sich über die Kräftekonstellation zwischen den Anwesenden im Klaren sein. Druckanwendung birgt immer das Risiko in sich, Gegendruck zu erzeugen oder halbherzige Absichtserklärungen der anderen Verhandlungsparteien hervorzurufen.

Selbstwertgefühle spielen im Einigungsprozess keine unwichtige Rolle. Wohl keiner verlässt gern den Verhandlungstisch mit dem Gefühl, unterlegen oder gar gedemütigt worden zu sein. Sofern das Verhandlungsergebnis als unpersönliche Bilanz der besten Argumente präsentiert wird, fällt es Ihren Gesprächspartnern umso leichter, bestimmte Positionen aufzugeben.

Chapitre VI

S'acheminer vers un résultat

Tout gouvernement – et en vérité tout intérêt et tout plaisir humain, toute vertu et tout acte de prudence – est fondé sur le compromis et l'échange.

Edmund Burke

C'est l'étape de la discussion qui requiert le plus d'habileté. En effet les participants arriveront plus facilement à un accord si chacun a l'impression qu'il peut en retirer un avantage.

Dans un débat, chaque participant essaiera de convaincre les autres pour leur faire adopter sa position, mais il ne faut pas perdre de vue les rapports de forces existant entre toutes les personnes présentes. Vouloir à tout prix convaincre les autres peut s'avérer négatif et déclencher des prises de position hésitantes.

Tenez compte de l'amour-propre, personne n'aime sortir d'une réunion avec le sentiment d'avoir été humilié. Vos partenaires vous opposeront donc une plus grande résistance si vous présentez la question en termes de gain pour vous et de perte pour eux. Le résultat (votre objectif) devrait être présenté comme une conclusion impersonnelle fondée sur des considérations objectives. Si vous arrivez à donner cette impression, vos adversaires feront plus facilement des concessions.

6.1. Die Argumente zusammenfassen

- **Wir hatten einen nützlichen Meinungsaustausch, dessen wesentliche Punkte sich wie folgt zusammenfassen lassen: ...**
- **Lassen Sie mich (noch einmal) kurz die Hauptpunkte | zusammenfassen. / rekapitulieren.**
- **Zusammenfassend lässt sich sagen, dass ...**
- **Ich denke, folgende allgemeine Schlussfolgerungen lassen sich aus der (bisherigen) Diskussion ziehen: ...**
- **Alle vorgeschlagenen Lösungsvarianten laufen | letzten Endes / letztendlich | darauf hinaus, dass ... / auf ... hinaus, ob ...**
- **Von allen Argumenten, die ich heute gehört habe, war für mich ... das überzeugendste.**

– ***Zusammenfassend lässt sich sagen, dass*** *es allgemeine Übereinstimmung hinsichtlich der Notwendigkeit gibt, Arbeitskräfte abzubauen. Differenzen bestehen dagegen nach wie vor in Bezug auf die Modalitäten: frei werdende Stellen nicht wieder zu besetzen oder Entlassungen vorzunehmen.*

– ***Alle vorgeschlagenen Lösungsvarianten laufen letztendlich auf*** *die simple Frage* ***hinaus, ob*** *wir gewillt sind, ein langfristiges Engagement einzugehen und die kurzfristigen Verluste zu akzeptieren.*

– ***Von allen Argumenten, die ich heute gehört habe, war für mich*** *der Zusammenhang, der zwischen Rauchen und Erkrankungen der Atmungsorgane besteht,* ***das überzeugendste****.*

Die Redewendungen in diesem Abschnitt bilden den Ausgangspunkt für die Phase der Verständigung bzw. Übereinkunft. Prinzipiell kann jeder Diskussionsteilnehmer zu einem geeigneten Zeitpunkt die bisher geäußerten Ansichten zusammenfassen. Davon abgesehen obliegt es in jedem Fall dem Diskussionsleiter beim Übergang zur Einigungsphase, das Meinungsspektrum zu resümieren.

Mit den ersten drei Formulierungen können Sie nicht nur die wesentlichen Argumente rekapitulieren, sondern auch implizite Wertungen in die Zusammenfassung einflechten. Die letzten drei Redewendungen zeigen demgegenüber, wie man explizite Schlussfolgerungen einleiten kann.

6.1. Résumer un débat

- **Nous avons eu un échange de vues utile dont on peut résumer ainsi les principaux points: ...**
- **Pourrais-je (à nouveau) récapituler les points importants déjà abordés?**
- **En résumé, nous pouvons dire que ...**
- **Je pense qu'on peut tirer de cette discussion les conclusions générales suivantes: ...**
- **Toutes les solutions proposées reviennent finalement à ...**
- **L'argument le plus convaincant / Le meilleur argument | qui ait été développé / que j'ai entendu | aujourd'hui | c'est ... / est celui qui ...**

– ***En résumé, nous pouvons dire que*** *nous sommes unanimement tombé d'accord sur la nécessité de réduire la main-d'œuvre, même s'il reste des divergences quant aux modalités: postes qui ne seront pas pourvus ou licenciements.*

– ***Toutes les solutions proposées reviennent finalement à*** *la simple question de savoir si nous sommes prêts à nous engager à long terme et à accepter des pertes à court terme.*

– ***L'argument le plus convaincant qui ait été développé aujourd'hui c'est*** *celui qui introduit la notion de corrélation entre le fait de fumer et les maladies respiratoires.*

Les expressions de cette section s'utilisent comme prélude à l'étape de l'accord dans une discussion. Tout participant à une réunion peut choisir de résumer le débat, mais c'est d'ordinaire le (la) président(e) qui en prend la responsabilité.

Avec les trois premières expressions vous passerez en revue les principaux points du débat et choisirez d'y inclure ou non des jugements de valeur. Les trois dernières expressions servent au contraire à conclure.

6.2. Einer Frage ausweichen

- **Auf diesen (interessanten) Aspekt können wir vielleicht später eingehen.**

- **Meiner Meinung nach** | **wäre eine Entscheidung zum jetzigen Zeitpunkt verfrüht.** / **besteht jetzt kein Handlungsbedarf.**

- **Bei einer so wichtigen Frage sollten wir** | **uns nicht drängen lassen.** / **nichts überstürzen.**

- **Ich glaube, die ganze Sache muss nochmals gründlich überdacht werden.**

- **Ich denke, wir sollten uns zuerst mit anderen Gesichtspunkten befassen: ...**

– ***Ich glaube, die ganze Sache muss nochmals gründlich überdacht werden.*** *Das eigentliche Problem ist, ob wir die zusätzlich auf uns zukommende Schuldenlast tragen können.*

– ***Ich denke, wir sollten uns zuerst mit anderen Gesichtspunkten befassen:*** *Dies wäre die Lage des Werks und die Verfügbarkeit von Sonderzuschüssen.*

Nicht selten taucht unter den Teilnehmern einer Diskussion der Wunsch nach Vermeidung oder Aufschiebung einer Einigung auf. Folgende Taktiken sind in diesem Fall empfehlenswert:

Erstens, der Verweis auf Zeitmangel zur angemessenen Erörterung des angesprochenen Sachverhalts.

Zweitens, das Bestehen auf Klärung einiger Fragen, bevor die Diskussion fortgesetzt werden kann.

Drittens, die uferlose Ausweitung der zu erörternden Punkte (vergleiche dazu auch Abschnitt **4.7. Neue Gesichtspunkte** einführen).

6.2. Eluder / Différer une question

- **On pourrait peut-être reprendre cette question (intéressante) plus tard.**

- **Je crois qu'à ce stade il serait prématuré | de prendre une décision. / d'agir.**

- **Nous ne devrions pas agir avec précipitation à propos d'un problème aussi important.**

- **Je pense que | tout cela / cette question | doit être examiné(e) plus attentivement. / nécessite un examen plus approfondi.**

- **Il me semble qu'il nous faut d'abord traiter d'autres questions . . .**

– ***Je pense que cette question nécessite un examen plus approfondi.*** *Le vrai problème est de savoir si nous pouvons supporter l'emprunt supplémentaire dont nous avons besoin.*

– ***Il me semble qu'il nous faut d'abord traiter d'autres questions*** *telles que la localisation de l'usine et la possiblilité d'obtenir des subventions spéciales.*

Quelquefois, les participants ne recherchent pas un accord ou veulent le différer. La tactique employée dans ce but peut être de suggérer qu'on dispose d'un temps insuffisant pour traiter la question, d'insister sur la nécessité de régler auparavant d'autres questions ou d'introduire dans le débat une quantité illimitée de questions (voir la section **4.7. Présenter de nouveaux éléments**).

6.3. Diskussionsteilnehmer beschwichtigen

- **Ich versichere Ihnen, dass ...**

Sie haben mein Wort, **Ich verspreche Ihnen,**	**dass ...**

- **Lassen Sie mich Ihre Bedenken in Bezug auf ... zerstreuen.**

Was ...	**betrifft,** **angeht,**	**so gibt es (diesbezüglich) keinen Grund zur**	**Beunruhigung.** **Sorge.**

Hinsichtlich ... **In Bezug auf ...**	**teile ich Ihre**	**Beunruhigung.** **Besorgnis.**	**Ich versichere Ihnen aber,** **Ich kann Ihnen aber versichern,**	**dass...**

– ***Ich versichere Ihnen, dass*** *das Personal in dieser Angelegenheit ausreichend konsultiert werden wird.*

– ***Sie haben mein Wort, dass*** *Ihre Bedenken im überarbeiteten Plan vollständig berücksichtigt sein werden.*

– ***Lassen Sie mich Ihre Bedenken in Bezug auf*** *die Wahl der Computerprogramme* ***zerstreuen****. Die Entscheidung ist nach einer sehr gründlichen Prüfung aller verfügbaren Systeme getroffen worden.*

– ***Was*** *die Reaktion unserer traditionellen Lieferanten* ***angeht, so gibt es diesbezüglich keinen Grund zur Beunruhigung****.*

– ***Hinsichtlich*** *der ausufernden Kosten des Programms* ***teile ich Ihre Besorgnis. Ich versichere Ihnen aber, dass*** *ich nichts unversucht lassen werde, um sie unter Kontrolle zu behalten.*

Bei allem Bestreben, den eigenen Vorteil zu wahren, ist die gebührende Berücksichtigung der Bedenken der anderen Diskussionsparteien ein wichtiger Schritt auf dem Weg zu einer Einigung. In diesem Zusammenhang sollten Sie sich bemühen, für sich und die von Ihnen vertretene Sache ein vorteilhaftes Klima zu schaffen. Die Formulierungen diese Abschnitts sind dafür ein geeignetes rhetorisches Mittel; dies umso mehr, als die vorliegende Verhandlungsphase von Ihnen keine inhaltlichen Zugeständnisse verlangt – vielmehr ist es der Ton, der letztendlich den Ausschlag gibt.

6.3. Rassurer

- **Soyez assuré(e) | que ... / de ...**

- **Vous avez ma parole, ...**

- **J'aimerais | vous rassurer: ... / dissiper vos doutes sur ...**

- **| Quant à ... / En ce qui concerne ... | vous ne devez avoir aucune crainte à cet égard. / il est inutile de vous en inquiéter.**

- **Je partage vos préoccupations au sujet de ... et je | peux vous assurer que ... / vous assure que ...**

– ***Soyez assuré(e) que*** *le personnel sera amplement consulté sur cette question.*

– ***Vous avez ma parole,*** *nous tiendrons compte de vos préoccupations pour modifier ce plan.*

– ***J'aimerais vous rassurer:*** *le choix des logiciels a été fait après un examen très complet des systèmes disponibles sur le marché.*

– ***Quant à*** *la réaction de nos fournisseurs habituels,* ***il est inutile de vous en inquiéter.***

– ***Je partage vos préoccupations au sujet de*** *l'escalade des coûts du programme* ***et je peux vous assurer que*** *je ferai tout mon possible pour contrôler ces coûts.*

Dire qu'on est sensible aux réserves exprimées par les autres participants est une étape importante sur la voie d'un accord.

On notera qu'à ce stade de la discussion, on ne vous demande pas de faire des concessions; ce qui compte, c'est le ton de vos paroles.

6.4. Kompromissvorschläge machen

• **Ein**	**gerechter** **ausgewogener**	**Kompromiss wäre ...**

• **Es scheint, dass wir uns im Hinblick auf ... einig sind.**

• **Ich hoffe, dass**	**wir uns auf folgender Basis einigen können: ...** **(zwischen uns) eine Einigung auf folgender Grundlage zustande kommen kann: ...**

• **Ich denke, Sie**	**sind mit mir einer Meinung,** **teilen meine Auffassung,**	**dass ...**

• **Kann ich davon ausgehen, dass wir uns**	**in Bezug auf ...** **über ...**	**einigen können?** **einig sind?**

– ***Ein ausgewogener Kompromiss wäre****, die Umstrukturierung der Abteilung im Prinzip zu akzeptieren, die Entscheidung über den Zeitplan für deren Umsetzung allerdings zu vertagen.*

– *Obwohl es noch eine Reihe ungelöster Fragen gibt,* ***scheint es, dass wir uns im Hinblick auf*** *die finanziellen Parameter des Vorschlags* ***einig sind.***

– ***Ich denke, Sie teilen meine Auffassung, dass*** *unsere betriebsinternen Fortbildungsprogramme ausgeweitet werden sollten.*

– ***Kann ich davon ausgehen, dass wir uns über*** *die Notwendigkeit einer verstärkten Durchsetzung der Sicherheitsbestimmungen auf dem Fabrikgelände* ***einig sind?***

Bei der Kompromisssuche macht sicherlich der Ton die Musik. Bedenken Sie hier besonders: Wie man in den Wald hineinruft, so schallt es heraus! Kleine Einleitungsfloskeln wie *Es scheint, Ich hoffe* oder *Ich denke* unterstreichen gleich von Beginn an Ihre Kompromissbereitschaft.

Ein sehr geschicktes taktisches Instrument ist es, Ihren Ausführungen eine Formulierung wie *Obwohl es noch eine Reihe ungelöster Fragen gibt* (analog dem zweiten Beispielsatz) voranzuschicken, mit der bestehende Meinungsverschiedenheiten anerkannt, zugleich aber heruntergespielt werden.

6.4. Proposer un accord / Trouver un terrain d'entente

• **Un**	**juste compromis** **compromis équitable**	**serait de . . .**

• **Il semble que nous ayons trouvé un certain terrain d'entente**	**à propos de . . .** **sur . . .**

• **J'espère**	**que nous pourrons arriver à un accord** **qu'un accord pourra être conclu**	**sur les bases suivantes . . .**

• **Je pense que vous partagerez**	**mon point de vue** **mon opinion** **ma conviction**	**sur . . .** **que . . .**

• **Puis-je tenir pour acquis que nous sommes tous d'accord**	**sur . . . ?** **pour . . . ?** **que . . . ?**

– ***Un compromis équitable serait d'****accepter en principe la réorganisation du département sous réserve de prendre une décision sur la date de sa mise en place.*

– *Bien que certaines questions n'aient pas encore trouvé de réponse,* ***il semble que nous ayons trouvé un certain terrain d'entente sur*** *les paramètres financiers de la proposition.*

– ***Je pense que vous partagerez mon opinion sur*** *la nécessité de développer nos programmes de formation continue dans l'entreprise.*

– ***Puis-je tenir pour acquis que nous sommes tous d'accord sur*** *la nécessité de renforcer l'application des règles de sécurité sur le domaine de l'usine?*

Pour arriver à un compromis, il faut adopter un ton conciliant. En conséquence, l'orateur utilisera pour introduire sa proposition des expressions telles que: *Il (me) semble, j'espère, je pense.*

On peut aussi utiliser une tactique habile consistant à faire précéder sa propre remarque d'une formule qui dénote l'existence d'une divergence d'opinion, tout en la minimisant, comme: *Bien que certaines questions n'aient pas encore trouvé de réponse* (voir le deuxième exemple).

6.5. Handeln / Einen Interessenausgleich anstreben

- **Dieses Problem ließe sich aus der Welt schaffen, wenn ...**
- **Sofern Sie sich dazu durchringen könnten, ... zu akzeptieren, hätte ich keine Einwände bezüglich ...**

• **Ich denke, ich könnte ...**	**unter der Bedingung**	**zustimmen,** **akzeptieren,**	**dass ...**
	, vorausgesetzt, dass ...		
	, solange ...		
	, wenn ...		
	, sofern ...		

• **Ich bin nicht**	**bereit,** **gewillt,**	**...,**	**wenn nicht ...** **sofern nicht ...** **ohne dass ...** **solange nicht ...**

• **Nur wenn ...,**	**könnte(n)** **würde(n)**	**ich (wir) ...**

– ***Dieses Problem ließe sich aus der Welt schaffen, wenn*** *die Leistungskriterien verschärft werden würden.*

– ***Ich denke, ich könnte*** *dem Plan* ***unter der Bedingung zustimmen, dass*** *er halbjährlich überprüft wird.*

– ***Ich bin nicht gewillt,*** *den Wartungsvertrag zu erneuern,* ***wenn nicht*** *eine deutliche Verbesserung der Normen garantiert werden kann.*

– ***Nur wenn*** *die ausstehenden Zinsen beglichen werden,* ***würde ich*** *einen neuen Kredit in Erwägung ziehen.*

Ein Interessenausgleich umfasst verschiedene Elemente des Gebens und Nehmens, die von der Suche nach einem Kompromiss bis zur Ausübung von Druck reichen können. So gesehen ist der nächste Abschnitt **Druckanwendung: Eine Einigung erzwingen** eine verschärfte Form des Feilschens um eine Übereinkunft.

Die Formulierungen oben sind so geordnet, dass sie immer brüsker und direkter im Ton werden. Die letzte Redewendung kann beispielsweise bedenkenlos im nächsten Abschnitt eingesetzt werden.

6.5. Rechercher / Négocier un compromis

- **On pourrait contourner la difficulté en . . .**

• Sous réserve que vous finissiez par accepter . . . , je ne	**vois** **verrais**	**pas d'objection à . . .**

• Je pense que je pourrais	**accepter . . .** **être d'accord (avec ...)** **vous suivre**	**à condition que . . .** **pourvu que . . .** **sous réserve que . . .** **pour autant que . . .** **si . . .**

• Je ne	**peux pas . . .** **suis pas disposé(e) à . . .**	**à moins que . . .**

• A la seule condition que . . .	**je pourrais** **nous pourrions**	**être d'accord avec ...** **accepter . . .** **. . .**

– ***On pourrait contourner la difficulté en*** *renforçant les critères de performance.*

– ***Je pense que je pourrais accepter*** *ce plan* ***sous réserve qu****'il soit révisé tous les six mois.*

– ***Je ne suis pas disposé(e) à*** *renouveler le contrat de service* ***à moins que*** *l'on puisse garantir une notable amélioration des normes.*

– ***A la seule condition que*** *les intérêts dûs soient payés* ***je pourrais*** *accorder un nouveau crédit.*

Transiger comporte divers stades: de marchander à faire pression. La section suivante **Faire pression: pour arriver à un accord** peut être considérée comme une forme extrême de transaction. Ainsi, la dernière des expressions ci-dessus peut aussi être utilisée à la place de la première de la page suivante.

6.6. Druckanwendung: Eine Einigung erzwingen

- **Falls wir in diesem Punkt nicht einer Meinung sind, . . .**
  Sollten wir uns in dieser Sache nicht verständigen, . . .
- **Wenn Sie . . . nicht akzeptieren, . . .**
  zustimmen, . . .
- **Wenn Sie bei diesem Punkt nicht einlenken, . . .**
  uns in diesem Punkt nicht entgegenkommen, . . .
- **Wenn dieser Vorschlag abgelehnt wird, . . .**
- **Wenn es zu keiner Einigung kommt, . . .**
  Sollte es zu keiner Einigung kommen, . . .
- **Sie sollten (es) sich (sehr) gut überlegen, ob . . .**

– ***Falls wir in diesem Punkt nicht einer Meinung sind****, haben wir keine andere Wahl, als Ihre Kreditlinie zu stornieren.*

– ***Wenn Sie*** *der Erhöhung des Preisnachlasses auf Großbestellungen* ***nicht zustimmen,*** *müssen wir uns leider an andere Lieferanten wenden.*

– ***Wenn Sie uns in diesem Punkt nicht entgegenkommen,*** *hat das ernste Konsequenzen auf anderen Gebieten.*

– ***Wenn dieser Vorschlag abgelehnt wird,*** *sehen wir uns gezwungen, den Zeitplan für die Markteinführung der neuen Regenbekleidungskollektion zu überdenken.*

– ***Sie sollten sich sehr gut überlegen, ob*** *Sie sich einer diesbezüglichen Vereinbarung in den Weg stellen.*

Um wirkungsvoll Druck ausüben zu können, müssen Sie eine rhetorische Brücke zwischen der Bedingung (in der Regel eine bestimmte Reaktion oder Unterlassung Ihres Gesprächspartners) und der Konsequenz (Ihrer Drohung) bauen. Die Formulierungen oben beziehen sich auf die gewünschte Reaktion oder Unterlassung des Gesprächspartners. Ihre Drohung leiten Sie unmittelbar im Anschluss daran mit folgenden Wendungen ein:

- *müssen wir/muss ich leider . . .*
- *haben wir/habe ich (leider) keine andere Wahl, als . . .*
- *sehen wir uns/sehe ich mich (leider) gezwungen, . . .*
- *hat das ernste Konsequenzen auf anderen Gebieten.*

Die letzte Redewendung dieses Abschnitts ist eine unverblümte Drohung. Sie bedarf keiner „Brückenkonstruktion".

6.6. Faire pression : pour arriver à un accord

- **A moins de nous mettre d'accord sur ce problème ...**

- **Si vous** | **n'acceptez pas ...**
n'êtes pas d'accord ...

- **Si vous ne cédez pas sur ce point, ...**

- **Si cette proposition est rejetée, ...**

- **Si nous n'arrivons pas à un accord sur ce point, ...**

- **Vous devriez réfléchir soigneusement avant de ...**

– ***A moins de nous mettre d'accord sur ce problème****, il n'y aura guère d'autre choix qu'annuler votre ligne de crédit.*

– ***Si vous n'êtes pas d'accord*** *pour augmenter l'escompte sur les commandes en gros, c'est à regret que nous nous adresserons à d'autres fournisseurs.*

– ***Si vous ne cédez pas sur ce point,*** *il y aura de sérieuses répercussions dans d'autres domaines.*

– ***Si cette proposition est rejetée,*** *nous nous verrons obligés de revoir le calendrier de lancement de notre nouvelle gamme de vêtements de pluie.*

– ***Vous devriez réfléchir soigneusement avant d'****empêcher qu'un accord ne soit conclu à ce sujet.*

On notera une certaine similitude entre ces expressions et celles de la section précédente.

Dans la contrainte, il y a un rapport entre la condition (votre interlocuteur passera à l'acte ou pas) et la conséquence (vous le "menacez"). Pour le "menacer" vous pouvez introduire vos phrases (à l'exception de la dernière qui se suffit à elle même) par les énoncés suivants:

- *Je devrai / Nous devrons (à regret) ...*
- *Je n'ai pas le choix: je dois ...*
- *Je me verrai / Nous nous verrons contraint(s) de ...*
- *Je me verrai / Nous nous verrons dans l'obligation de ...*
- *Il y aura de sérieuses répercussions dans d'autres domaines.*

6.7. Zugeständnisse machen / Nachgeben

- **Ich muss zugeben, dass Sie mich überzeugt haben.**
  Ihre Argumente sind (sehr) überzeugend.

- **Ich muss die Vorzüge / Vorteile Ihrer Argumente anerkennen.**

- **Ihre Argumente haben mich überzeugt.**

- **Sie haben mich davon überzeugt, dass ...**

- **Um einer Verständigung nicht im Wege zu stehen, ...**

- **Da wir uns nicht leisten können, eine Entscheidung über ... (weiter) aufzuschieben,**
  stimme ich ... schweren Herzens zu.
  erkenne ich ... gezwungenermaßen an.

– ***Sie haben mich davon überzeugt, dass*** *die Exportabteilung schnell reorganisiert werden muss.*

– ***Um einer Verständigung nicht im Wege zu stehen,*** *ziehe ich meinen früheren Vorschlag zurück.*

– ***Da wir uns nicht leisten können, eine Entscheidung über*** *die Belegschaftsstärke* ***aufzuschieben, stimme ich*** *dem zu großzügigen Paket von Abfindungszahlungen* ***schweren Herzens zu****.*

Mit den letzten beiden Redewendungen geben Sie zu verstehen, dass Sie einer Einigung nicht im Wege stehen wollen, den sachlichen Gehalt der Argumente allerdings nicht anerkennen.

6.7. Faire des concessions

- **Je dois reconnaître que vos arguments m'ont convaincu(e).**

- **Je dois reconnaître** | **le bien-fondé** / **les avantages** | **de votre argumentation.**

- **Vos** | **arguments** / **remarques** | **m'ont convaincu(e).**

- **Vous m'avez convaincu(e)** | **de . . .** / **que . . .**

- **Pour ne pas faire obstacle à un accord, . . .**

- **Puisque nous ne pouvons nous permettre de remettre à plus tard une décision** | **sur . . .** / **concernant . . .** / **au sujet de . . .** |
  c'est (vraiment) à regret que j' | **accepte . . .** / **approuve . . .** / **admets . . .**

– ***Vous m'avez convaincu(e) de*** *la nécessité de réorganiser dans les plus bref délais le département des exportations.*

– ***Pour ne pas faire obstacle à un accord,*** *je retire ma proposition précédente.*

– ***Puisque nous ne pouvons nous permettre de remettre à plus tard une décision concernant*** *les effectifs du personnel,* ***c'est vraiment à regret que j'approuve*** *l'ensemble trop considérable des indemnités de chômage.*

Avec les deux dernières expressions vous ne vous opposez pas à un accord, mais vous ne reconnaissez pas la validité des arguments.

6.8. Sich einer Einigung widersetzen

- **Aus einer (ganzen) Reihe von Gründen fällt es mir schwer, | Ihrem Vorschlag
... | zuzustimmen.**

- **| Diese Angelegenheit
Ihr Vorschlag | lässt (leider) | viel zu wünschen übrig.
viele Wünsche offen.**

- **Zu meinem Bedauern sehe ich keine Möglichkeit, die Vorschläge in der vorliegenden Form zu akzeptieren.**

- **Der Vorschlag hält bei weitem nicht das, was | erforderlich
notwendig | ist.
wäre.**

- **Es gibt keine Basis für eine Einigung.**

- **Dem kann ich einfach nicht zustimmen.**

– ***Aus einer Reihe von Gründen fällt es mir schwer****, der Abschaffung von Grenzkontrollen* ***zuzustimmen.***

In diesem Abschnitt werden noch nicht jene Gründe genannt, die Sie veranlassen, sich einer Einigung zu widersetzen. Die Redewendungen sind dementsprechend kurz gehalten; ihr schroffer Ton nimmt nach unten hin zu.

Dieser Abschnitt behandelt das Vermeiden einer Einigung, während Abschnitt **7.2. Anderer Meinung sein** Formulierungen für einen Situationskontext enthält, bei dem Sie es ablehnen, eine bereits getroffene Entscheidung mitzutragen.

6.8. S'opposer à un accord

- **Pour de multiples raisons, il m'est difficile | d'accepter / d'approuver | votre proposition. / .....**

- **Je crains que votre proposition laisse beaucoup à désirer.**

- **Désolé(e), il m'est impossible d'accepter ces propositions sous cette forme.**

- **La proposition est loin de répondre à ce qui est demandé.**

- **Il n'y a | aucune base pour un accord. / aucun terrain d'entente.**

- **Je ne peux absolument pas être d'accord sur ce point.**

– ***Pour de multiples raisons, il m'est difficile d'approuver*** *la suppression des contrôles douaniers.*

Etant donné que votre intention est de vous opposer à un accord, il n'est pas nécessaire d'en indiquer les raisons ici.

Dans la présente section on s'oppose à un accord alors que la section **7.2. Emettre des réserves** a pour thème le refus d'entériner une décision déjà prise.

Kapitel VII

Das Ergebnis

Nicht Sieg, sondern Gewinn sollte der Zweck einer Verhandlung oder einer Diskussion sein.

Joseph Joubert

Die Ergebnisse einer Diskussion/Verhandlung können auf sehr verschiedene Art und Weise festgehalten werden. In einigen Fällen mag es nur ein Kopfnicken sein, ein zustimmendes Murmeln oder ein Handschlag. Bei anderen Gelegenheiten wiederum sind schriftliche Ergebnisformen wie Protokoll, Bericht, Erklärung oder Vertrag opportun.

Dieses Kapitel beschäftigt sich eingehender mit mündlichen Ausdrucksformen für das Zustandekommen einer Einigung, für das Artikulieren von Vorbehalten und Einwänden sowie für abschließende Bemerkungen. Ein spezieller Anhang zum Kapitel fasst einerseits jene schriftlichen Formen zusammen, in denen Verlauf und Resultat von Diskussionen/Verhandlungen am häufigsten niedergelegt werden. Andererseits enthält der Anhang eine Liste nützlicher Verben und Verkettungskonstruktionen, die Ihnen das Protokollieren einer Diskussion/Verhandlung vereinfachen sollen.

Chapitre VII

Le résultat

Le but de la discussion ou de la négociation ne doit pas être la victoire, mais le gain.

Joseph Joubert

Le résultat d'une réunion peut revêtir de nombreuses formes. Il peut se manifester par un simple hochement de tête, un murmure général d'assentiment, une poignée de mains ou éventuellement emprunter la forme d'un procès-verbal, d'un compte rendu, d'une déclaration ou d'un traité.

Dans ce chapitre vous trouverez un certains nombre d'expressions que l'on utilise pour exprimer un accord, émettre des réserves ou objections, présenter des conclusions. En annexe, vous trouverez un répertoire des formes les plus communes de comptes rendus écrits de réunions ou d'accords ainsi qu'une liste de verbes et de mots de liaison auxquels on pourra se référer.

7.1. Mündliche Einigung

• **(Nun) gut,** **Also**	**wir sind**	**uns einig,** **übereingekommen,**	**dass ...**
	es	**besteht Übereinkommen,** **ist beschlossen,**	

- **Die Entscheidung ist gefallen: ...**
  Der Beschluss steht fest: ...

- **Als Ergebnis können wir (Folgendes) festhalten: ...**

- **Wir** | **sind am Ziel: ...**
  haben es geschafft: ...

– ***Gut, wir sind uns einig, dass*** *die Preise in der Belegschaftskantine bis Ende des Jahres eingefroren werden.*

– ***Der Beschluss steht fest:*** *Die Eröffnung des neuen Krankenhausflügels wird auf das kommende Frühjahr verschoben.*

– ***Wir sind am Ziel:*** *Das europäische Verkaufsbüro wird in Frankfurt eingerichtet.*

In Diskussionsforen mit begrenzter Teilnehmerzahl, die jedem die Möglichkeit zur Meinungsäußerung bieten, wird auf eine Abstimmung in der Regel verzichtet. In einem solchen Kreis ist es vielmehr üblich, dass der Diskussionsleiter neben dem Tenor der Aussprache jene Punkte zusammenfasst, bei denen Übereinstimmung besteht. Ferner legt der Diskussionsleiter die Form der Einigung fest. Die Ergebnisse einer Diskussion/Verhandlung können in mannigfaltiger Weise schriftlich niedergelegt werden. Das dazu zur Verfügung stehende Instrumentarium wird in einem Anhang zu diesem Kapitel unter dem Titel: **Protokollieren von Diskussionen und Verhandlungen** näher erläutert.

7.1. Accord verbal

- **Bien, / Bon,** | **il est entendu que ...**
  - **nous avons convenu de ...**
  - **nous avons décidé que ...**
  - **nous sommes d'accord pour ...**

- **Nous sommes arrivés à la conclusion suivante: ...**

- **Nous avons obtenu un résultat: ...**

- **Nous avons atteint notre objectif: ...**

- ***Bon, nous avons décidé que*** *les prix du restaurant du personnel resteront inchangés jusqu'à la fin de l'année.*
- ***Nous sommes arrivés à la conclusion suivante:*** *l'ouverture du nouveau bâtiment de l'hôpital est reportée au printemps prochain.*
- ***Nous avons atteint notre objectif:*** *le bureau des ventes pour l'Europe sera établi à Francfort.*

Lorsque le nombre de participants est suffisamment restreint pour permettre à chacun de s'exprimer, d'ordinaire, on ne recourt pas à un vote. Dans la plupart des cas, le (la) président(e) rappellera le sujet des débats et résumera les points qui ont obtenu l'unanimité. Les accords sont exprimés en général sous la forme d'accord écrit qui peut s'exprimer sous différentes formes (voir en annexe la section **Procès-verbaux de réunions et d'accords** pour rendre compte des étapes d'une discussion ou d'un accord).

7.2. Anderer Meinung sein

- **Ich** **bin angewiesen worden, / fühle mich verpflichtet,** **folgende Vorbehalte** **anzumelden: … / vorzubringen: …**

- **Ich muss** **meine Zustimmung zu … einschränken. / einige Vorbehalte zu … anmelden.**

- **Ich kann diesen Beschluss (leider) nicht voll mittragen.**
Wir müssen einige Aspekte dieses Vorschlags überdenken.

- **Ich möchte die folgende abweichende** **Meinung / Auffassung / Einschätzung** **zu Protokoll geben: …**

- **Es tut mir Leid, / Ich bedauere,** **aber ich kann diese** **Einigung / Vereinbarung / Übereinkunft** **nicht unterstützen.**

- **Meiner Meinung nach ist** **diese Entscheidung / dieser Beschluss / diese Maßnahme** **ein Fehler.**

– ***Ich muss einige Vorbehalte zum*** *vagen Charakter der nun beschlossenen finanziellen Vereinbarung* ***anmelden****.*

Die Aussagestärke der Formulierungen dieses Abschnitts nimmt nach unten hin zu.

Die erste Redewendung wird in der Regel nur in sehr förmlichen Diskussionsforen verwendet. Die vierte Formulierung kann von Ihnen auf zweifache Weise eingesetzt werden. Sie können den Grad Ihrer Zustimmung damit entweder nuancieren oder sich völlig von der Einigung distanzieren. Mit den beiden letzten Redewendungen katapultieren Sie sich aus der erzielten Einigung heraus.

In diesem Abschnitt wird davon ausgegangen, dass eine Einigung trotz der von Ihnen erhobenen Einwände zustande kommen kann.

7.2. Emettre des réserves

- **J'ai reçu l'instruction / Je me vois dans l'obligation | de faire la remarque suivante . . . / d'émettre quelques réserves | sur . . . / au sujet de ...**

- **Je | tiens à nuancer la portée de mon accord; . . . / suis obligé de formuler quelques réserves | sur . . . / au sujet de . . .**

- **Je ne peux donner mon | entière adhésion / plein consentement | à . . .**

- **Je demande qu'on prenne note de | ce point de vue (divergent): . . . / cette opinion (divergente): . . . / cette affirmation: . . .**

- **Je | crains / regrette | de ne pouvoir m'associer à cet accord.**

- **Je crois que cette | décision / mesure | est une erreur.**

– ***Je suis obligé(e) de formuler quelques réserves sur*** *cet accord, les conditions de son financement étant trop vagues.*

Les expressions de cette section sont classées par ordre croissant.

La première expression s'emploie uniquement dans un contexte officiel. La quatrième permet, soit de nuancer votre adhésion, soit de vous désolidariser de la décision prise, tandis que les deux dernières expressions manifestent que vous prenez vos distances avec l'accord conclu.

Dans cette section on part du fait qu'en dépit de vos objections, une décision pourra être prise.

7.3. Schlussbemerkungen machen

• **Die**	**Konferenz** **Tagung** **Diskussion**	**fand in einer freundschaftlichen Atmosphäre statt ...**

•	**(Nun,) ich denke, damit** **Meines Erachtens**	**ist**	**alles behandelt.** **unsere Tagesordnung erschöpft.**

•	**Wir sind nun am Ende unseres Arbeitspensums angelangt.** **Nun, unsere Arbeit ist getan.**

• **Ich möchte allen hier**	**am Tisch** **im Raum**	**für ihren (konstruktiven) Beitrag zum Gelingen unserer Diskussion danken.**

• **Möchte**	**irgendjemand** **irgendwer**	**noch etwas**	**sagen?** **hinzufügen?**

– ***Die Diskussion fand in einer freundschaftlichen Atmosphäre statt,*** *die für das nun vor uns liegende Ergebnis förderlich war.*

Abschließende Bemerkungen werden im Allgemeinen vom Tagungs- bzw. Diskussionsleiter gemacht.

Die erste Redewendung ist eine Art Ouvertüre für die faktischen Schlusssätze der Formulierungen zwei bis fünf.

7.3. Remarques finales

- **La | conférence / réunion / discussion | s'est déroulée dans une atmosphère amicale . . .**

- **Bien, il (me) semble que nous avons | fait le tour de la question. / épuisé l'ordre du jour.**

- **| Bien, je pense que nous pouvons dire que nous avons terminé notre travail. / Nous avons donc fini notre tâche.**

- **J'aimerais remercier chacun(e) d'entre vous pour sa contribution (positive).**

- **Est-ce que quelqu'un souhaite ajouter quelque chose?**

– ***La discussion s'est déroulée dans une atmosphère amicale*** *avec les résultats fructueux que nous constatons.*

Ces remarques finales seront faites par le (la) président(e).

La première expression s'utilise avant les autres formules pour conclure.

Protokollieren von Diskussionen und Verhandlungen

Die Ergebnisse einer Diskussion/Verhandlung können auf verschiedene Art schriftlich niedergelegt werden. Einigungen/Vereinbarungen lassen sich im Rahmen eines Protokolls bzw. Berichts oder eines separaten Dokuments festhalten. Nachfolgend finden Sie die häufigsten Instrumente, in denen sich Verlauf und/oder Resultat von Diskussionen/Verhandlungen widerspiegeln:

Das Protokoll
Kurzes Resümee des Verlaufs und der Ergebnisse einer Tagung.

Der Kurzbericht
Gedrängte Zusammenfassung des Verlaufs einer Tagung (fällt in der Konferenzpraxis zumeist aber länger als ein Protokoll aus). Ein ***wörtlicher/stenografischer Bericht*** umfasst demgegenüber eine Wort-für-Wort-Niederschrift des Verlaufs einer Tagung.

Der Bericht
Allgemeines Resümee von Verlauf und Resultat einer Tagung, das bis zur wörtlichen Wiedergabe reichen kann.

Der thematische Bericht
Zusammenfassung der zu den jeweiligen inhaltlichen Schwerpunkten einer Debatte gemachten Aussagen. Der thematische Bericht hat den Nachteil, dass er die Verhandlungspositionen der beteiligten Parteien zumeist nicht eindeutig widerspiegelt. Seine Grundstruktur ist etwa wie folgt: „Die *meisten* Redner waren der Ansicht, dass ... , während *einige* ...“ Sofern sich eine klare Einigung zwischen den Verhandlungsparteien nicht erreichen lässt, wird häufig auf ein ***Resümee des Tagungsleiters*** zurückgegriffen, das bestimmte Interpretationsmöglichkeiten zulässt.

Die Entschließung/Resolution
Präzisierung der von den Beteiligten einzuleitenden Handlungen (in der Regel von einer Präambel eingeleitet). Die Präambel erläutert das Anliegen und den Hintergrund der erzielten Vereinbarung.

Der Beschluss/die Entscheidung
Kurze Auflistung der von den Verhandlungspartnern zu ergreifenden Maßnahmen (zumeist ohne Präambel verfasst).

Das Abkommen
Schriftliche Vereinbarung der von den Abkommensparteien zu treffenden Entscheidungen oder einzuleitenden Handlungen (in der Regel von geringerer Bedeutung als ein Vertrag oder eine Konvention).

Annexe au chapitre VII

Procès-verbaux de réunions et d'accords

Le procès-verbal peut prendre diverses formes. Un accord est mentionné dans un procès-verbal ou fait l'objet d'un document séparé. On trouvera ci-dessous la liste des formes les plus courantes pour rendre compte des étapes d'une réunion, d'une discussion ou d'un accord:

Procès-verbal
Un bref résumé des étapes d'une réunion (incluant les éventuels accords).

Compte rendu analytique
Un compte rendu succinct des étapes d'une réunion (généralement plus long qu'un procès-verbal). Un ***Compte rendu in extenso/sténographique*** est un compte rendu intégral d'un débat.

Rapport
Donne les étapes d'une réunion. Peut être, soit plus court, soit plus long qu'un compte rendu analytique.

Rapport de synthèse
Une présentation thématique des remarques formulées par tous les participants d'un débat. Plus bref et beaucoup plus facile à lire qu'un compte rendu analytique, mais présente l'inconvénient de ne pas permettre l'identification claire des positions de chaque participant. Le rapport de synthèse est rédigé sous la forme "***la plupart*** des orateurs croient que ..., ***quelques-uns*** estiment que ... "
Lorsqu'un accord sans réserve n'a pu être obtenu, on adopte un ***résumé du Président*** qui constitue une forme d'accord plus souple (ce résumé représente un genre particulier de rapport de synthèse).

Résolution
Précise les mesures à prendre. Comprend généralement un préambule. Le préambule explique le contexte et les motifs d'une résolution.

Décision
Précise les mesures à prendre. Texte habituellement bref et dépourvu de préambule.

Accord
Précise par écrit les décisions et mesures à prendre. Document officiel toutefois moins officiel qu'un traité ou une convention.

Das Protokollieren

Um Verlauf und Ergebnisse einer Diskussion zusammenzufassen, bedient sich der Protokollant der indirekten Rede. Die ***indirekte Rede*** ist die nicht wörtliche Wiedergabe fremder (oder früherer eigener) Aussagen in verarbeiteter und zumeist wertneutraler Form. Ihre Besonderheiten lassen sich in den einschlägigen Grammatiklehrbüchern leicht nachschlagen.

Sind die grammatischen Hürden der indirekten Rede erst einmal genommen, läuft das Protokollieren beinahe mechanisch ab. Grammatische Korrektheit ist allerdings die eine Sache, eine andere ist, ein Protokoll über mehrere Seiten hinweg stilistisch variabel zu gestalten. In der Tat ist die Gefahr, bei der indirekten Rede in Schematismus und Monotonie zu verfallen, nicht von der Hand zu weisen. Selbst geübten Protokollanten fällt es immer wieder schwer, auf ein vielfarbiges Repertoire an operativen Verben, Verkettungskonstruktionen sowie nützlichen Formulierungen für das Resümee zurückzugreifen. Nachfolgend finden Sie eine Liste von Verben und Wortverbindungen, die Ihnen einen sachlich korrekten und zugleich stilistisch variantenreichen Einsatz der indirekten Rede gestattet:

Häufig verwendete Verben zur Einführung, Fortsetzung und zum Abschluss der indirekten Rede

zum neutralen Berichten

Er/Sie	sagte	führte aus
	erklärte	wies darauf hin
	stellte fest	konstatierte
	legte dar	erwähnte

zur Meinungsäußerung

Er/Sie	vertrat äußerte bekräftigte wiederholte	der Ansicht der Meinung der Auffassung	begrüßte es behauptete beharrte darauf bestand darauf
	war	der Ansicht der Meinung der Auffassung	erkannte an gab zu gestand ein räumte ein

Rédiger un compte rendu

Nous serons appelés un jour ou l'autre à présenter des rapports de réunions. Préparer le compte rendu d'une réunion dans une langue étrangère présente des difficultés surtout quand on n'a pas appris à le faire dans sa propre langue. Les comptes rendus sont rédigés en style indirect. Vous trouverez dans la plupart des recueils grammaticaux les règles pour passer du style direct au style indirect.

L'expérience montre que la difficulté principale pour rédiger un compte rendu est de trouver un certain nombre de verbes d'action et de mots de liaison qui permettent d'élaborer un texte à la fois fidèle et intéressant à lire. Ci-dessous une liste non exhaustive de verbes et de mots de liaison.

Verbes utilisés couramment pour introduire, poursuivre et conclure un discours indirect

Compte rendu neutre

Il/elle	a dit	a fait remarquer
	a déclaré	a fait observer
	a noté	a indiqué
	a constaté	a mentionné
	a présenté	a proposé
	a développé	a signalé

Compte rendu d'opinions

Il/elle	a émis l'opinion		a affirmé
	a accueilli favorablement		a soutenu
	a recommandé		
	a donné a maintenu	son avis son opinion son point de vue	a persisté dans
	a estimé		a reconnu
	a trouvé		a admis
	est d'avis		a concédé

um etwas hervorzuheben

Er/Sie lenkte die Aufmerksamkeit auf die Tatsache, dass
hob hervor
unterstrich
betonte

legte | Nachdruck / Wert | auf die Feststellung, dass

um Besorgnis auszudrücken

Er/Sie hielt es für | unklug / gefährlich / riskant

warnte davor

Sonstiges

Er/Sie appellierte
entgegnete
erwiderte
stellte die Frage, ob
schlug vor
bestätigte
erinnerte daran
rief in Erinnerung

brachte | seine / ihre | Befriedigung / Genugtuung / Enttäuschung / Besorgnis | darüber zum Ausdruck, dass

Verkettungskonstruktionen

Er/Sie fuhr fort
Er/Sie fügte hinzu
In diesem Zusammenhang
In Bezug auf
Bezüglich
Diesbezüglich
Ferner
Darüber hinaus
Weiterhin
Außerdem
Des Weiteren
Überdies

Sich ... zuwendend, | sagte / erklärte / betonte | er, / sie, | dass

Pour souligner un point/une opinion

Il/elle
a attiré l'attention sur
a fait ressortir
a souligné

a mis en évidence
a mis en relief
a insisté

a donné son adhésion à
a sanctionné

a appuyé

attaché accordé donné	de l'importance à . . .

Communiquer son inquiétude

Il/elle
a mis en garde

a trouvé	imprudent dangereux risqué	de . . .

Divers

Il/elle
a confirmé
a demandé si
a fait appel à
a proposé

a rappelé
a répondu
a rétorqué

a exprimé sa	satisfaction déception	de voir que . . .
	préoccupation à propos de . . .	

était	déçu préoccupé	que ...	a émis	l'opinion le point de vue	que ...

Pour enchaîner

Pour ce qui est de
A cet égard
Quant à
Dans cet ordre d'idées
Pour revenir à

En ce qui concerne
De plus
En outrc
De surcroît
Par ailleurs

Il/elle a	continué en + (participe présent du verbe) ajouté que . . . souligné que . . .

Formulierungen, um abzuschließen

Zum Abschluss			
Abschließend	sagte		
Zusammenfassend	erklärte	er,	dass . . .
Das Resümee ziehend,	betonte	sie,	
Bilanz ziehend,	unterstrich		
Schließlich			

Pour conclure

Finalement
En conclusion
Enfin
Pour conclure
Pour résumer
En résumé
Il/elle a conclu en + (participe présent du verbe)

GLOSSAR ZUR KONFERENZTERMINOLOGIE

GLOSSAIRE DE LA TERMINOLOGIE EMPLOYEE DANS LES CONFERENCES

Die Einberufung von Tagungen – Convocation

(1)	das Einladungsschreiben	lettre (f) d'invitation
(2)	die Mitteilung über das Abhalten einer Tagung/Konferenz	notification (f)
(3)	die Teilnahme/Anwesenheit	assistance (f)/présence (f)
(4)	der Teilnehmer	participant(e) (m/f)
(5)	der Vertreter	représentant(e) (m/f)
(6)	der Delegierte	délégué(e) (m/f)
(7)	der Beobachter	observateur (m)/observatrice (f)
(8)	der Stellvertreter	suppléant(e) (m/f)
(9)	in einer nicht amtlichen Eigenschaft	à titre privé/personnel
(10)	die Bevollmächtigung	pleins pouvoirs (m/pl)
(11)	einberufen	convoquer
(12)	eine Einladung annehmen/ablehnen	accepter/refuser une invitation
(13)	unter der Schirmherrschaft von	sous le (haut) patronage de

Die Arten von Tagungen / Konferenzen und deren Organe
Types et structures de réunions

(14)	der Ausschuss/das Komitee	comité (m)/commission (f)
(15)	der Lenkungsausschuss	comité (m) de direction
(16)	der Nebenausschuss	comité (m) subsidiaire
(17)	der ständige Ausschuss	comité (m) permanent/ commission (f) permanente
(18)	der Unterausschuss	sous-comité (m)/sous-commission (f)
(19)	der Sonderausschuss	comité (m) spécial
(20)	das Redaktionskomitee	comité (m) de rédaction
(21)	der Vorbereitungsausschuss	commission (f) préparatoire
(22)	die Gruppe	groupe (m)
(23)	die Ad-hoc-Gruppe	groupe (m) ad hoc
(24)	die Arbeitsgruppe	groupe (m) de travail
(25)	die Experten-/Sachverständigengruppe	groupe (m) d'experts
(26)	die Studiengruppe	groupe (m) d'étude
(27)	das Podiumsgespräch/ die Podiumsdiskussion	table (f) ronde
(28)	die Projektgruppe	équipe (f) spéciale
(29)	die Vorbereitungssitzung	réunion (f) préparatoire
(30)	die Kontaktgruppe (des Präsidenten/Vorsitzenden)	groupe (m) de contact (du Président)
(31)	der Ausschuss für die Prüfung von Vollmachten	comité (m) de vérification des pouvoirs
(32)	die zwischenstaatliche Konferenz	conférence (f) intergovernementale
(33)	der Rat	conseil (m)
(34)	der Vorstand	comité (m) directeur
(35)	die Eröffnungssitzung	session (f)/séance (f) d'ouverture
(36)	die nicht öffentliche Sitzung	séance (f) à huis clos
(37)	die öffentliche Tagung	réunion (f) publique
(38)	die Plenarsitzung/das Plenum	assemblée (f) plénière
(39)	die Abschlusssitzung	session (f) finale/séance (f) de clôture

Die Räumlichkeiten und das Personal
Salle de conférence – personnel

(40)	das Foyer	hall (m)
(41)	die Anschlagtafel/der Aushang	tableau (m) d'affichage
(42)	der Tagungsraum	salle (f) de conférence
(43)	das Podium	podium (m)/tribune (f)
(44)	das Rednerpult	pupitre (m)
(45)	die Wahlurne	urne (f)
(46)	das Zutrittsrecht	droit (m) d'admission
(47)	die Teilnahmegebühr	droit (m) de participation
(48)	der Fachberater/Sachverständige/Experte	spécialiste (m/f)/conseiller (m) technique/expert (m)
(49)	die Kandidatur/Bewerbung	candidature (f)
(50)	der Präsident	président(e) (m/f)
(51)	der/die Vorsitzende	président(e) (m/f) de séance
(52)	der amtierende Präsident/Vorsitzende	président(e) (m/f) par intérim
(53)	die Wahl der Mandatsträger	élection (f) du bureau
(54)	der Rechtsberater	conseiller (m) juridique
(55)	der Protokollant	secrétaire (m) du comité
(56)	der Vorsitz	présidence (f)
(57)	der Delegationsleiter	chef (m) de délégation
(58)	den Vorsitz übernehmen	prendre la présidence
(59)	unter dem Vorsitz von	sous la présidence de
(60)	die Amtssprache	langue (f) officielle
(61)	die Arbeitssprache	langue (f) de travail
(62)	die Sitzordnung	organisation (f) de la salle
(63)	der Amtsinhaber	titulaire (m)
(64)	die Amtszeit	durée (f) du mandat

(65)	die Verfahrensregeln/ Geschäftsordnung	règles (f/pl) de procédure
(66)	das Mandat	mandat (m)
(67)	die Tagesordnung	ordre (m) du jour
(68)	der Tagesordnungspunkt	point (m)/rubrique (f) de l'ordre du jour
(69)	das Arbeitsprogramm	programme (m) de travail
(70)	sich über das Tagungsprogramm/ den Programmablauf/Zeitplan einigen	se mettre d'accord sur un calandrier de travail
(71)	die Teilnehmerliste	liste (f) de participants
(72)	die Rednerliste	liste (f) des orateurs
(73)	das Arbeitspapier/Hintergrund-material	document (m) de travail
(74)	das vertrauliche Dokument	document (m) confidentiel
(75)	der Entwurf	projet (m)/ébauche (f)
(76)	der Bericht	rapport (m)
(77)	einen Bericht in Umlauf geben	diffuser un rapport
(78)	einen Bericht abfassen	rédiger un rapport
(79)	der Jahresbericht	rapport (m) annuel
(80)	der Abschlussbericht	rapport (m) final
(81)	der Zwischenbericht	rapport (m) intérimaire
(82)	der Arbeitsbericht	rapport (m) d'activité
(83)	das Kapitel	chapitre (m)
(84)	der Absatz	paragraphe (m)
(85)	der Abschnitt	section (f)
(86)	der Anhang	annexe (f)/appendice (m)
(87)	die Anlage	pièce (f) jointe/document (m) joint
(88)	die Ergänzung/der Nachtrag/ der Zusatz	addition (f)/supplément (m)/ additif (m)
(89)	die Einfügung	insertion (f)
(90)	die Richtigstellung	rectification (f)
(91)	die Streichung	annulation (f)
(92)	die Änderung/Abänderung	modification (f)
(93)	die Berichtigung	rectificatif (m)

(94)	eine Übereinstimmung/Einigung erzielen bei	arriver à un accord/conclure un accord
(95)	das Abkommen/die Einigung/ Übereinstimmung	accord (m)
(96)	der Beschluss/die Entscheidung	décision (f)
(97)	die Entschließung/die Resolution	résolution (f)
(98)	die Präambel	préambule (m)
(99)	der Vertrag	traité (m)
(100)	das Kommuniqué	communiqué (m)
(101)	die Schlussakte	acte (m) final
(102)	die Erklärung	déclaration (f)
(103)	die Sondervereinbarung	accord (m) spécial
(104)	die Charta/Satzung	charte (f)
(105)	die Konvention	convention (f)
(106)	die Urkunde	instrument (m)
(107)	die Übereinkunft	protocole (m)
(108)	das Statut/die Satzung	statuts (m/pl)
(109)	die Ratifizierung	ratification (f)
(110)	unverbindlich	non contraignant

Der Tagungsablauf – Travaux d'une réunion

(111)	die Eröffnungsansprache	allocution (f)/discours (m) inaugural
(112)	die Annahme der Tagesordnung	adoption (f) de l'ordre du jour
(113)	die Anregung/der Vorschlag	suggestion (f)/proposition (f)
(114)	der Änderungsvorschlag	amendement (m) proposé
(115)	eine bloße Anregung	suggestion (f) timide
(116)	die Einreichung/Unterbreitung	soumission (f)/présentation (f)
(117)	der Gegenvorschlag	contre-proposition (f)
(118)	einen Antrag einreichen	proposer une motion
(119)	einen Antrag ablehnen	rejeter une motion
(120)	einen Antrag befürworten	être favorable à une motion/ soutenir une motion
(121)	der Antrag ist angenommen	la motion est adoptée
(122)	der Antrag ist abgelehnt	la motion est rejetée
(123)	der Antragsteller	auteur (m/pl) d'une motion
(124)	die Schlussfolgerungen	conclusions (f/pl)
(125)	die Ausführungen/Darlegungen/ die Bemerkung/der Kommentar	déclaration (f)/exposé (m)/ remarque (f)/commentaire (m)
(126)	eine Tagung unterbrechen	interrompre une réunion
(127)	eine Tagung aussetzen	suspendre une réunion
(128)	eine Sitzung vertagen/sich vertagen	ajourner une réunion
(129)	die Verhandlung/Debatte/ Beratung	discussion (f)/débat (m)
(130)	die Aussprache/Beratung wieder aufnehmen	reprendre le(s) débat(s)
(131)	die Beratung/Aussprache abschließen	clore le(s) débat(s)
(132)	das Recht auf Erwiderung	droit (m) de réponse
(133)	Vorbehalte anmelden/machen	faire des réserves (f)
(134)	protestieren/der Protest	protester contre/protestation (f)
(135)	die Wortmeldung/um das Wort bitten	demander la parole
(136)	das Wort erteilen an	donner la parole à
(137)	die allgemeine Aussprache/ die Generaldebatte	discussion (f) générale/débat (m) général

(138)	eine Bemerkung im eigenen Namen machen	faire une remarque à titre personnel
(139)	die Formulierung	formulation (f)
(140)	wie in Artikel . . . vorgesehen	comme prévu à l'article . . .
(141)	die Bedenken/Vorbehalte	réserves (f/pl)
(142)	die Abstimmung	vote (m)
(143)	das Abstimmungsverfahren	procédure (f) de vote
(144)	die Abstimmung über Änderungs-anträge	vote (m) sur les amendements
(145)	die Abstimmung durch Hand-zeichen	vote (m) à main levée
(146)	die namentliche Abstimmung	vote (m) par appel nominal
(147)	die geheime Abstimmung	vote (m) à bulletin secret
(148)	das Stimmrecht	droit (m) de vote
(149)	die absolute/einfache/erforder-liche Mehrheit	majorité (f) absolue/simple/requise
(150)	einstimmig angenommen	adopté(e) à l'unanimité
(151)	die ergebnislose Abstimmung	vote (m) non décisif
(152)	die Wiederwahl	réélection (f)
(153)	die Beschlussfähigkeit/Beschlussunfähigkeit	quorum/le quorum fait défaut
(154)	die Zulässigkeit/Unzulässigkeit	recevabilité (f)/irrecevabilité (f)
(155)	die Ja-Stimme/Nein-Stimme	vote (m) pour/vote contre
(156)	eine Erklärung zur Stimmab-gabe	explication (f) de vote
(157)	die abgegebenen Stimmen	suffrages (m/pl) exprimés
(158)	die Stimmenthaltung	abstention (f)
(159)	die gültigen Stimmen	bulletins (m/pl) valables

Deutscher Index zum Glossar der Konferenzterminologie

Index français de glossaire des "termes de conférence"